"中国劳模"系列丛书

呼兰河畔的"育花匠"

仲威平

陈超◎著

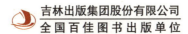
吉林出版集团股份有限公司
全国百佳图书出版单位

图书在版编目（CIP）数据

呼兰河畔的"育花匠"：仲威平 / 陈超著.
长春：吉林出版集团股份有限公司, 2024. 9. -- （"
中国劳模"系列丛书 / 徐强主编）. -- ISBN 978-7
-5731-5457-6

Ⅰ. K825.46
中国国家版本馆CIP数据核字第2024725Y38号

HULAN HE PAN DE "YU HUAJIANG": ZHONG WEIPING

呼兰河畔的"育花匠"：仲威平

出 版 人　于　强
主　　编　徐　强
著　　者　陈　超
组稿统筹　东北师范大学文学院创意写作研究中心
责任编辑　王丽媛
助理编辑　张碧芮
装帧设计　张红霞

出　　版　吉林出版集团股份有限公司
发　　行　吉林出版集团社科图书有限公司
地　　址　吉林省长春市南关区福祉大路5788号　邮编：130118
印　　刷　唐山富达印务有限公司
电　　话　0431-81629711（总编办）
抖 音 号　吉林出版集团社科图书有限公司　37009026326

开　　本　710 mm×1000 mm　1 / 16
印　　张　9.5
字　　数　120 千字
版　　次　2024 年 9 月第 1 版
印　　次　2024 年 9 月第 1 次印刷

书　　号　ISBN 978-7-5731-5457-6
定　　价　58.00 元

如有印装质量问题，请与市场营销中心联系调换。0431-81629729

序 言

　　劳动创造财富，劳动创造幸福，劳动创造未来。习近平总书记在2020年全国劳动模范和先进工作者表彰大会上的讲话中指出："全社会要崇尚劳动、见贤思齐，加大对劳动模范和先进工作者的宣传力度，讲好劳模故事、讲好劳动故事、讲好工匠故事，弘扬劳动最光荣、劳动最崇高、劳动最伟大、劳动最美丽的社会风尚。"当今世界，综合国力的竞争归根到底是科技人才和高素质劳动者的竞争。改革开放以来，我们强大的工人队伍用辛勤的劳动和拼搏奉献的精神推动中国制造、中国智造、中国创造走向世界的前列，新时代的中国面貌日新月异。大力弘扬劳模精神、劳动精神、工匠精神，加强高素质技能人才队伍建设，打造一支宏大的知识型、技能型、创新型劳动者队伍，是伟大时代赋予我们的历史责任。

　　劳动模范是民族的精英、人民的楷模，是共和国的功臣。自改革开放以来，广大职工勇立改革潮头，独立自主，奋发图强，勇于创新，其中涌现出一批批全国劳模和大国工匠。他们参与建设了代表中国高度、中国速度、中国深度的一系列重大工程，提升了国家实力，打造了"中国名片"，树立了"中国品牌"，增添了"中国力量"，充分释放出工人阶级的创新活力，展示出大国工匠的强大创造力。他们以工人阶级的满腔热忱在各自平凡的工作岗位上取得了辉煌的成绩，书写了新时代的壮丽篇章。

爱岗敬业、争创一流、艰苦奋斗、勇于创新、淡泊名利、甘于奉献的劳模精神，崇尚劳动、热爱劳动、辛勤劳动、诚实劳动的劳动精神和执着专注、精益求精、一丝不苟、追求卓越的工匠精神，是广大劳动群众在社会生产实践中锤炼形成的弥足珍贵的精神财富，是工人阶级伟大品格的具体体现，是民族精神和时代精神的生动诠释。民族复兴需要劳动模范，祖国强盛需要大国工匠，中国制造、中国智造、中国创造更需要大国工匠的强有力支撑。劳模、工匠等的成长故事、先进事迹中承载的劳模精神、劳动精神和工匠精神，是激励全国各族人民团结奋斗、勇往直前的强大精神力量。

"中国劳模"系列丛书，采用图文结合的方式，讲述全国劳模、大国工匠和先进工作者们的成长经历及他们追梦、筑梦、圆梦的故事，用他们在平凡岗位上创造不平凡业绩的真实故事感染读者，推动形成劳动最光荣、劳动最崇高、劳动最伟大、劳动最美丽的社会风尚，引导广大技术工人和青少年形成劳动光荣、技能宝贵、创造伟大的观念。

"匠心筑梦，强国有我。"新时代是一个万象更新、生机勃勃的时代，也是一个继往开来、创新创业和建功立业的大时代。希望广大读者能以劳动模范为榜样，以大国工匠为楷模，立志技能报国、技术强国，踔厉奋发，勇毅前行，锤炼思想品格，汲取劳动智慧，勇于担当、勤于钻研、甘于奉献，为推进新型工业化和乡村振兴，为加快建设制造强国、质量强国、航天强国、交通强国、网络强国、数字中国、农业强国，全面建设社会主义现代化国家贡献青春力量。

中华全国总工会副主席（兼）

中国航天科技集团有限公司第一研究院

211厂14车间高凤林班组组长

2022年11月

扫码解锁

◉群英颂歌◉乡村育梦
◉师道传递◉奋斗底色

　　仲威平，女，1966年10月出生，中共党员，中学高级教师，现任黑龙江省铁力市工农乡中心学校教师兼爱心工作站站长。

　　自幼时起，仲威平的梦想便是成为一名教师。1988年，她来到黑龙江省铁力市工农乡兰河小学任教。这所偏远的乡村学校最多时有十四名学生，最少时仅有四名学生，为了不让孩子们失学，仲威平风雨无阻，每天骑自行车往返二十多千米去学校上课。1998年，工农乡教学资源整合，兰河小学面临撤并，可学校里有八名学生由于家庭贫困、单亲、留守等原因无法转学，仲威平坚持着"不能放弃任何一名学生"的信念，为了这八名学生，继续留教兰河小学，开启了"一人一校"的教学模式。

由于过度的体力消耗与常年处于阴冷环境，仲威平疾病缠身，但她从未言语，直至2012年因劳累过度而晕倒在教室后，大家才知道她的身体状况。

2011年12月，随着农村教育基础设施日渐完善，兰河小学被撤并，仲威平带着八名学生并入铁力市工农乡中心学校。从一间房、一个小火炉、一块黑板，到集中供暖的教室、科学实验室、图书室，兰河小学记录了乡村教师仲威平美好的青春岁月，仲威平也看到了农村学校办学条件改善的过程。

2013年，由工农乡党委牵头，学校组织管理，仲威平成立了以个人名字命名的"仲威平爱心工作站"，并以此为平台，继续联合社会力量，关注全乡农村留守儿童的心理健康和社会环境问题。

多年来，仲威平因无私的奉献得到了各级组织的表彰与奖励，先后获得了"全国优秀教师""全国五一巾帼标兵""全国五一劳动奖章""全国最美乡村教师""全国教书育人楷模""全国劳动模范""全国三八红旗手"等多项荣誉，并于2017年当选为党的十九大代表。

扎根乡村教育三十余载，仲威平用母爱温暖着每一个学生。

目　录

第一章　父辈的荣耀

扫码解锁

◎群英颂歌◎乡村育梦
◎师道传递◎奋斗底色

童年的多巴胺

在我国位置最北、最东的黑龙江省，有一块面积2320平方千米的宝地，名为"望奎"。望奎的得名，有说法是"因山地居高，遥望西北，卜奎隐约可见"。古时人烟稀少，没有高大的建筑物，在月朗星稀的夜晚，站在望奎的高处，能隐约看到黑龙江省的大城市卜奎（现齐齐哈尔市）。

望奎县地处松嫩平原东部、呼兰河北岸，这里是"皮影之乡""中国书法之乡"，亦是仲威平的家乡。

1966年10月，北方大地一片金黄与火红，黑土地上硕果累累，稻谷飘香。在这个丰收的季节，仲德清和孟凡芹迎来了夫妻俩这一年最大的"收获"——女儿仲威平。

仲威平是仲家第三个孩子，上有大她九岁的哥哥仲威君和年长她两岁的姐姐仲威艳，下有小她两岁的妹妹仲威荣。哥哥朴实憨厚，小小年纪就特别有担当；姐姐活泼开朗，是个细心的乐天派。成长于四季分明的小兴安岭脚下，仲威平的童年是无忧无虑且多姿多彩的。

春天，山上的积雪刚刚融化，雪水汇成的小溪缓缓流淌。仲威平就像个小跟屁虫一样，跟在哥哥姐姐后面，逆着溪流的方向上山玩耍。走着走着，姐姐发现小家伙没了影儿，回头定睛一看，仲威平正蹲在不远处的大树下，和含苞待放的冰凌花"说话"呢。

夏天，炽热的阳光阻挡不了孩童们玩耍。跳皮筋、踢毽子、扔沙袋……仲威平最喜欢的还是和哥哥、姐姐一起捕蝴蝶。棍儿上绑个铁丝圈，再找蜘蛛网密集的地方粘一圈，一个纯天然的"捕蝶网"就做好了。趁蝴蝶停在花瓣上，孩子们屏息凝神，拿着"捕蝶网"慢慢靠近，等蝴蝶微微张开翅膀，一下子就被粘在了"捕蝶网"上。捕捉，放飞，再捕捉，再放飞……如此循环往复让仲家兄妹们乐此不疲。

秋天，父母常常会带着兄妹三人上山采蘑菇和木耳等山货，并借此机会告诉他们哪些山货是能吃的，哪些是有毒的。仲威平虽然听得认真，但因为年纪小，还是分不清各种山货。哥哥干脆摘一串野葡萄递给她，再给她屁股底下铺上厚厚的叶子，任凭她"偷懒"。仲威平顺势躺在暖黄的叶子上，望着秋高气爽的天空，学着姐姐的样子挑选着好看的树叶，要把秋天的故事藏进书本里。

冬天，纷纷飘落的雪花打造着冰雪世界。即便小脸被冻得通红，仲威平还是愿意和哥哥、姐姐在院子里打雪仗、堆雪人，直到母亲喊吃饭的声音传来，她才恋恋不舍地和雪人说再见。数九寒天，河流结了厚厚的冰，哥哥会拉着爬犁，带着姐姐和仲威平一起去打出溜滑，在哪儿摔倒就在哪儿爬起来，天气再冷也不怕。

当然，童年的故事也不只是玩乐，都说穷人的孩子早当家，仲家兄妹在父亲仲德清和母亲孟凡芹的教导下，不仅相亲相爱，还明理懂事。

20世纪60年代，粮食供给并不充足，赶上国家返销粮不够的时候，家家户户都得自己想办法填饱肚子。仲威平两岁时，妹妹仲威荣出生，一家六口实在难以顿顿吃饱。哥哥仲威君经常带着仲威艳和仲威平一起去田里挖老鼠洞，期盼着能在老鼠洞里找到一些"玉

⊙ 1982年冬，仲威平（中）姐妹三人留影

米存粮"。"我来挖洞，捡玉米粒，你们两个负责装袋就行。"哥哥边说边拿起了小铲子，吭哧吭哧挖了起来。都说长兄如父，无论什么时候，只要哥哥在，脏活儿、累活儿永远轮不到妹妹们干。

有一年，姐姐仲威艳过生日，母亲孟凡芹给她做了一件新衣裳。仲威艳高兴地在镜子前照了又照，却无意间从镜子中瞥见了角落里站着的仲威平，她正在用手搓着衣服上的补丁，眼里满是失落。"妈，这件衣服给妹妹吧！"当天晚上，仲威艳犹豫再三，还是拿着衣服找到了母亲。"怎么了，是不是不喜欢？""不是，只是……妹妹穿旧衣服，我也不想穿新衣服。"看着仲威艳手里被捏皱的衣服，孟凡芹明白了女儿的心思，她不是不喜欢，只是因为心疼妹妹。

有人说，亲情是一条绳索，一环扣着一环。如今，仲家兄妹四人都成立了各自的小家庭。但每逢相聚，大家还是会忍不住说起小时候的故事，一起长大、一起玩闹，有糗事，亦有趣事。

永远的追光者

1925年，时局动荡不安。这一年，仲威平的父亲仲德清出生了。儿时的仲德清要比普通家庭的孩子生活得艰难，他自幼失去父母，如浮萍无所依，幸得养父母照拂才算有了归属。20世纪20年代，平民百姓生活得十分拮据，别说供孩子上学读书，就连衣食都难以保障。仲德清不到八岁便开始放猪挣钱，贴补家用。那时候，他做梦都想拥有一双属于自己的鞋子，哪怕是用稻草编成的鞋，穿着它也好过赤脚走过一年四季。

夏天，毒辣的太阳晒得仲德清浑身疼。他手拿小棍儿，跟在一群小猪后面奋力奔跑，两只脚丫脱了一层又一层的皮。冬天，近零下三十摄氏度的天气，小小的仲德清拎着比自己还重的猪食，一趟一趟往返猪圈，长满冻疮的脚丫踩在厚厚的积雪里，常常被冻得失去知觉。眼看脚丫已经发紫，仲德清眼一闭、嘴一捂、双脚一伸，把脚插进了旁边冒着热气的猪粪里。

"爸爸真是不嫌臭，"某个冬日的夜晚，当已为人父的仲德清把这段往事当作睡前故事讲给女儿听时，仲威平捏起鼻子，充满好奇地发问："你为什么不让奶奶给你做一双鞋子呢？"女儿仲威平出生之时，仲家虽不富裕，但基本的生活需求是可以满足的，加上妻子孟凡芹有一双巧手，所以每个孩子都穿上了母亲亲手缝制的布鞋，保暖又美观。

看着女儿忽闪着一双黑葡萄般的眼睛，满脸稚气地想要得到个答案，仲德清忍不住笑了笑，伸出粗糙有力的右手，轻轻抚摸着仲威平的小脑袋瓜儿。是啊，苦难的日子已经过去了，与其纠结童年的暴风骤雨，不如知足常乐，活在当下。"小平，你要记住，幸福的生活来之不易，要学会珍惜。"仲德清抬起头看了看窗外，那晚的月亮格外皎洁。

人总是努力走着走着就会找到属于自己的港湾。1946年，二十一岁的仲德清在家人的支持下，毅然加入了中国人民解放军。在四平保卫战中，因功绩突出，他被任命为团长。那次战役，大多是白天作战，夜间前行。有一次，距离有利作战点还有九十千米，仲德清带领全团战士不眠不休，连夜负重跑步前行。所有人内心都只有一个信念——快点到达目的地，守护好四平。

当东方的天空开始泛白，霞光洒在帽檐上，战士们才从怀里掏出仅有的玉米饼子，小心翼翼地咬上一口。二十岁左右的小伙子，只吃一块玉米饼子，怎能吃饱？可就是这样，还是有战士未来得及吃，就牺牲在了敌人的炮火中……

一座东北小城，四次血战，再次提起这段回忆，仲德清数次哽咽。那句"为新中国而战"的口号仿佛回荡在耳边，那一个个冲锋杀敌的勇士仿佛还在眼前。枪林弹雨阻挡不了他们拳拳爱国之心，砖头上密密麻麻的弹痕每一个都有一段故事——追寻革命星火，赓续红色血脉。

四平战役结束后，仲德清又随军辗转作战，直至新中国成立。1949年10月1日，毛泽东在天安门城楼上庄严宣告："中华人民共和国中央人民政府今天成立了！"二十四岁的仲德清满脸泪痕："要是那些战友们还活着该有多好。"或许在仲德清的心里，生命自那次战役后就不再只属于自己，他要替已故的战友们好好活着，替他们守护好祖国的每一寸土地。

复员后，仲德清回到老家望奎县红三后村，以大队长的身份为"加强国家社会主义建设"尽心尽力地服务。1970年，在组织的调配下，仲德清前往铁力县（现为铁力市）工农乡参加工作。1997年，七十二岁的仲德清病倒在他工作的地方——工农乡敬老院，走完了他生命中的最后一程。在此之前，医生曾多次建议他卧床休养，可仲德清心中放不下工作，就连临终遗言也是嘱咐孩子们："做什么事都要脚踏实地，听党的话，没错！"仲威平握着父亲的手，眼泪滴在那本红色的"复员军人证明书"上，这是父亲生前最宝贵的东西，也是他一生最引以为傲的经历和保卫祖国的见证。

百年征程，波澜壮阔，一路荆棘，一路繁花。其中，有无数砥

⊙ 上图　仲威平的父亲仲德清（1989年摄）
⊙ 下图　仲德清复员军人证明书

砺前行的追光者，他们热爱脚下的这片国土，远胜于热爱自己的荣耀与生命，仲德清便是其中的一个。他们毕生所追随的光，是五星红旗上五角星的光，是忠诚坚守的信仰之光，是奉献精神的践行之光。仲威平作为军人的后代，从小听着革命先烈的英雄事迹长大，那些爱国故事好似种子般在她幼小的心灵中发了芽。出生于和平年代的她或许想象不到敌人的炮火有多激烈，战场上的厮杀有多惨烈，可她知道，父亲从未提及自己的"英雄事迹"，只是希望女儿能铭记历史，而非个人事迹。后来，当仲威平因高考失利而郁郁寡欢时，父亲将考场比作战场，鼓励她不应放弃，要拿出英勇奋战的决心。

见贤思齐，仲德清所追随的这束光，在之后的许多年，也成了女儿的榜样之光，照亮仲威平披星戴月走过的送学之路，同星辉一起伴她回家。

一个甜瓜的"威力"

20世纪60年代末70年代初，生产队时兴种瓜，在离村子不远的地方种上甜瓜或菜瓜，瓜地中间支起看瓜人"神秘"的窝棚。窝棚呈人字形，覆以苇席用来防风避雨。窝棚从外形上看十分简易，但据说看瓜人只要进去就可以做到"眼观六路，耳听八方"，无论哪个角落有人偷瓜，他都能第一时间发现并制止。

夏天，尤其是甜瓜成熟的时候，真是瓜香飘十里。在物资匮乏的年代，一个香甜清脆的甜瓜称得上是上等的美味。有嘴馋忍不住的孩子，总想着趁看瓜人打盹儿的工夫，悄悄偷一个解解馋。然而，大多时候，瓜还没到手，看瓜人就已经站在他身后了。当然，有的看瓜人睁一只眼闭一只眼，不愿与孩子计较。

每到甜瓜成熟的时候，仲威平和哥哥、姐姐总是躲得远远的，他们从不敢参与任何"偷瓜行动"，甚至经过瓜地时都会故意绕着走。孩子们管得住腿，管得住眼睛，可管不住鼻子呀。那沁人心脾的瓜香像长了翅膀似的一股脑地往鼻子里钻，闻一下就想闻第二下、第三下……

有一次，三人放学回家，正好碰上生产队用牛车往回拉甜瓜。那是村子收获的头茬瓜，一年没闻到瓜香的孩子们循着味儿从四面八方跑来。牛车在前面走，大家在后面追，还互相推搡取笑对方是"馋猫"。仲威平和哥哥、姐姐的目光虽然也紧盯着瓜车，但一想到父亲的警告，三人立马转头回了家。

没过多久，瓜车竟然路过了仲威平家，当时她正和姐姐在路边玩，有一个叔叔见状跳下牛车，主动递上一个大甜瓜，说："给，拿回家吃吧，叔叔给的。"仲威平和姐姐一下子没反应过来，但二人还是条件反射不敢接，仿佛叔叔递过来的不是瓜，而是炸弹。"这个沉，闻着也香，一定好吃，快拿着。"叔叔用手拍了拍瓜屁股，那诱人的香味立马在空气中游走。"谢谢叔叔，我们不能要。"开口的是仲威艳。"对，我们不能要。"仲威平也摆摆小手，跟着说道。"这俩孩子，瓜又不是偷的，是给你们的。""这是生产队的瓜，我爸说了，只要是集体的，都不能要。"虽然仲威平才十岁，但是父亲说过的话，她一字一句记得牢牢的。"行行，打小就这么有原则，长大了可了不得……"叔叔一边说着，一边拿着甜瓜上车走了。

仲威平转头看了看仲威艳，姐姐的脸上也浮现出了同样遗憾的表情。是呀，一个甜瓜而已，姐妹俩吃了又能怎么样呢？

又能怎么样？仲威平站在原地，看着瓜车渐渐淡出视线，那年的"萝卜事件"又浮现在她的眼前。

仲家的四个孩子自小被父母教导得十分有礼貌，见谁都会主动问好。邻居贺大爷特别喜欢仲威平和仲威艳，所以当自家的萝卜成熟后，他就挑了一个最大的送给姐妹俩。

大萝卜可真好看呀，球形的大脑袋，绿色的缨子，简直和图画书里的萝卜一模一样。姐妹俩谢过贺大爷后，就乐颠颠地把萝卜抱回了家。"姐姐，你说这萝卜要是咬上一口，得多脆多甜呀！""那咱俩跑回家，咬一大口，剩下的再给妈做汤。"俩人一路畅想着，仿佛美味的萝卜已经进到了肚子里。

可没想到，她们刚进家门，萝卜就被当村支书的父亲看见了。"爸，你看，这萝卜多大，贺大爷给的。"仲威平没意识到将会发生什么，美滋滋地向父亲炫耀着。仲德清眉头紧锁，只说了三个字："还回去。"还回去，为什么？姐妹俩一头雾水，不明白父亲为什么生气。"你们两个记住，以后绝对不能要任何人给的东西。再说了，贺大爷都多大岁数了，种点萝卜容易吗？"父亲的脾气姐妹俩是知道的，说出来的话在家里就是"圣旨"，所以谁都不敢反驳，失望地抱着萝卜来到贺大爷家。

这回生气的变成了贺大爷，"你爸是咋想的，就是个萝卜，也不是金疙瘩，咋就不能要了？""贺大爷，您别生气，我爸说了，您种萝卜也不容易。"姐姐仲威艳赶紧解释道。"容不容易那是我的事，要不要那是你家的事。这以后让村里人咋看我？给孩子个萝卜，还被退回来了。"

因为这事，贺大爷气得好几天没和仲德清说话，后来村里的人开解贺大爷："仲书记是个实在人，从来都是红事不参加，白事跑在前。别说这不是啥年节的，就是过年，想让他来家里吃顿饭，仲书记都不来。""可不是，咱们村有多大的福气呀，有仲书记这样的清官。"

一个甜瓜的"威力"，对于儿时的仲威平而言，也许是对父亲的惧怕，也许是孩童无条件的服从。可当长大后，她才明白，看似严厉的家教背后是父亲为官坚守的正直廉洁，是面对集体利益和个人利益时的高风亮节。这些耳濡目染的宝贵品质对于子女而言，远比一个甜瓜的香气更令人念念不忘、记忆犹新。

犟牛拉重铧口

仲德清属牛，在仲威平的记忆中，父亲这头"牛"可是犟得很。母亲经常说父亲"犟牛拉重铧口"，小时候的仲威平不懂，她跟在母亲后头，小声地问："妈，啥叫'犟牛拉重铧口'？"母亲孟凡芹笑了笑，两只手在围裙上蹭了蹭，说："问你爹去。"后来，仲威平上学读书了，才明白母亲这句话的真正含义。

当时农村种地，机械化水平不高，所以人们为了省时省力，常常养一些牲畜干农活儿，其中最实用的就是牛了。牛有力气，不仅能干重活儿，而且很有耐力。当然了，人的性格各异，牛的习性也是各不相同的，犟牛是指非常倔强的牛，常常不愿意听主人使唤。不过，犟牛也有优点，它干起活儿来从不偷懒。仲威平回味起母亲说这句话时的神情：有时候，是夸奖父亲做事有主意；有时候，是埋怨父亲固执不听劝；有时候，则是心疼和无奈……

1970年，国家设置了伊春地区，实行地市合一。同时，黑河地区的嘉荫县和绥化地区的铁力县也划归伊春地区管辖。那一年，仲威平刚满四岁，父亲突然接到上级任务——让他前往铁力县兼任工农乡五花村和兴隆村两个村子的村支书，带领村民们大力发展和振兴农业，提高群众的生活水平。

全家人跟着仲德清从老家望奎县一路颠簸，来到铁力县工农乡五花村安营扎寨。五花村和兴隆村相距五千米，仲德清上任的第一天就步行往返两个村子之间，为的是尽快了解两个村子的基本情况。

谁知这五千米一走就走了四年，风雨无阻。饿了，啃一口兜里的玉米饼子，咬一口咸菜疙瘩；渴了，就在河边喝口凉水……仲德清来到铁力县时四十五岁，那时虽告别了青年时期的意气风发，但身体还算康健。四年来日复一日的奔波与劳碌令硬朗的汉子日渐消瘦，青丝变白发。

身体上的劳累可以克服，可思想上的挑战令仲德清彻夜难眠。五花村和兴隆村属于工农乡中比较落后的村子，村民们对于政策理解不到位，集体意识不强。因此，当仲德清以"带头人"的身份带领大家劳动时，总有几个村民迟到、早退，甚至无故旷工。仲德清在发现问题后，第一时间制定了奖罚分明的规矩。可规矩是死的，人是活的，消极怠工的问题仍旧没有得到实质性解决。

于是有一天，吃完早饭，仲德清也不着急去生产队，他在院子里左转一圈，右转一圈，孟凡芹一个劲儿地催他："再不去就迟到了，你忘了你定的规矩了？"仲德清充耳不闻，等到日上三竿才慢悠悠地出发。"他定的规矩自己都不遵守。""是啊，还总因为迟到扣咱们工分。""这回看他怎么解释。"……那几个常被仲德清做思想工作的村民窃窃私语，等着看仲德清"笑话"。

没承想，仲德清到了生产队，第一时间找到会计，让会计公事公办，该扣自己多少工分就扣多少，这一举动令所有人震惊不已。"我仲德清没什么本事，但我一直相信正人先正己，咱们五花村和兴隆村是一个大家庭，作为这个家庭的家长，我做的一切都是希望这个家越来越好，希望家里的每个人都能早日过上小康生活……"从此，村民们对仲德清十分信服，只要他说的话，大家都立马执行。

其身正，不令而行。早在担任望奎县红三后村大队长的时候，仲德清就因"铁面无私"出了名。当时生产队养了很多牲畜，仲德清的岳父孟庆双因为擅长铡草料，被任命为铡草负责人。有一次，因为草料要得急，孟庆双的草料没有之前铡得均匀，仲德清知道后很生气，回家就立马找岳父谈话，"批评"他工作不认真。被自己的姑爷"批评"，孟庆双觉得在家人面前抬不起头，好几天茶饭不思。"你说说你，批评别人就算了，那是咱爹。"孟凡芹气不过，埋怨起了仲德清。"做错了就是做错了，在错误面前人人平等。""行，行，你就犟吧，给老爷子气病了还得你伺候。""他是我爹，生活中伺候他我啥话没有，但工作上出了错我就得说。"孟凡芹看着仲德清瞪大的"牛眼睛"，一时语塞，只能无奈地叹了口气。

第二天，孟凡芹特意蒸了一锅父亲爱吃的包子，想着哄老人家开心。包子刚出锅，仲德清就端着盘子过来了，一边从锅里夹出冒着热气的包子，一边说："热乎乎的先给咱爹吃，他最愿意吃包子了。"

仲德清出生在牛年，去世亦在牛年，他的一生都和牛紧密相关。母亲总说父亲是"犟牛"，可在仲威平看来，父亲是俯下身子的"孺子牛"，是敢为人先的"拓荒牛"，是吃苦耐劳的"老黄牛"……

什么是父辈的荣耀？应该就是一种至真至纯的信念感，能让人虽满身风雨，但仍愿护万家团圆；能让一个人只伴清水不染尘，一辈子不亏不欠，无怨无悔地付出。"严、实、正、韧"是仲家的家风家训，更是让仲威平得以心安的阳光雨露。参天之木，必有其根；怀山之水，必有其源。父辈的荣耀，润物无声，却福气连绵。

第二章　童年的理想

扫码解锁

◉群英颂歌◉乡村育梦
◉师道传递◉奋斗底色

长大后我想成为你

对于老师而言，学生说的最令人感动的话语就是"长大后我想成为你"。

1974年初秋，年满八周岁的仲威平进入望奎县第四小学，开启了快乐的小学生活。开学前一晚，父亲把她叫到了身边，问："小平，你为什么想上学？""因为哥哥、姐姐都上学，所以我也想读书。"仲威平背着母亲新缝的小书包，兴奋地转起了圈圈。"站好！"父亲的语气有些严肃，"'立身以立学为先，立学以读书为本'，这才是你读书的意义。"

年幼的仲威平根本不理解父亲这句话的深意，她像只欢快的小鸟每天在校园里自由自在地飞来飞去。"仲威平，我们逃课出去玩吧！"说话的是仲威平的同桌——一个留着寸头的小男孩。"我听说隔壁村子要演皮影戏，你看过皮影戏吗？"仲威平摇摇头。"那正好，我带你去，可有意思了。""可是……"仲威平的眉毛拧成了一团。"你是怕逃课被老师发现对不对？别害怕，老师让咱们自习，她又不在，不会知道的。"眼看仲威平迟迟不答应，同桌没了耐心，"女生胆子就是小，逃课算什么？"边说边转头问起了后桌。看着一拍即合的二人猫着腰走出教室，仲威平的心里既羡慕又矛盾，脑海里一直回荡父亲对自己说过的话："你要是迟到、早退或者逃课，我就打断你的腿……"

1979年，仲威平读小学五年级，正是在这一年，她遇到了人生梦想的第一位启蒙者——周玉凤老师。

"她个子高高的，很瘦，浓眉大眼，笑起来眼睛像月牙一样，特别亲切。"时隔四十多年，再次提起老师周玉凤，仲威平还能清楚地记得初见时她的样子。

或许很多人不明白周玉凤的出现对于十三岁的仲威平意味着什么。由于生活困难，母亲把仲威平送到了姥姥家，在那里继续上学。

可人生地不熟的环境，让处于青春期的仲威平变得敏感自卑，她不愿意和同学们一起玩，读书也提不起兴趣，成绩更是直线下降。当时作为班主任的周玉凤及时关注到了仲威平的变化，看着仲威平许久未换的补丁裤子，她便猜出了七八分。她私下找到仲威平，说："好孩子，如果遇到什么困难就和老师说，老师帮你解决。"每天放学后，周玉凤都会趁着打扫教室的工夫和仲威平谈心，解开她的心结，引导她融入集体，鼓励她努力读书，用知识改变命运。那段时间，周玉凤成了仲威平最好的"朋友"，她的守护让少言寡语的仲威平渐渐找回了自信，一师一生的身影在落日余晖下越靠越近。

见贤思齐，看着眼前和蔼的老师，听着她温暖的话语，也许就在某个时刻，仲威平内心萌生了想成为像周玉凤老师一样陪伴学生成长的人的想法。在小学最后一堂作文课上，她心潮澎湃地写下了名为《我的理想》的作文："我的理想是长大后成为一名像周老师一样优秀的老师……"

岁月流转，已为人师的仲威平未曾想到，有个叫郭馥萱的小女孩会闪着灵动的大眼睛，对自己说出同样的话："仲老师，长大后我也想成为像您一样优秀的老师……"这似曾相识的一幕令仲威平眼角泛起了泪花。

> 长大后我就成了你
> 才知道那间教室
> 放飞的是希望
> 守巢的总是你
> 长大后我就成了你
> 才知道那块黑板
> 写下的是真理
> 擦去的是功利①

谁的青春不迷茫

1980年，仲威平升入望奎县第一中学，她内心关于"理想"的认知随着年龄的增长和知识面的拓宽也在不断加深。"仲威平，你毕业了想干什么？"同学问仲威平。站在学校的展示牌前，望着历届优秀毕业生寄来的感谢信，她年少的心涌动着说不清的力量。"我？我想当一名老师，你呢？""我想当飞行员，我也想像这位学长一样去南京航空学院（今南京航空航天大学）读书！"对于成长于乡村的孩子来说，天空代表着诗与远方，翱翔天空是许多人想

———
①引自歌曲《长大后我就成了你》（宋青松作词）。

要去追寻的梦想。但仲威平深知，仰望星空还需脚踏实地，自己的学习成绩并不拔尖，她只想坚定地实现年少时的梦想。

1981年，父亲仲德清的工作迎来了新的变动，组织上照顾他年龄越来越大，便把他调到了工农乡五七厂上班，不久他又接管了工农乡敬老院的相关工作。为了工作便利，一家人从五花村搬到了离工农乡最近的新一村，并在此定居。仲威平也由望奎一中转入铁力市第四中学，开始了新的求学生涯。

每当回忆起这段幸福的求学时光，仲威平总是感慨万分。从家到学校一千米的路程，是她这一生求学、求职、工作所走过的最短，也是最平坦的路。那时候的她一步一个脚印，只为能靠近梦想。

从初中到高中，三年又三年，转眼她便迎来了千军万马过独木桥般竞争激烈的高考。1986年，我国颁布了《中华人民共和国义务教育法》，保障适龄儿童、少年接受义务教育。在此政策影响下，城市、乡村的教育战线对于师范类人才的需求暴涨，师范教育的招生数量也随之增加。二十岁的仲威平听到这个消息激动不已，这正是自己实现梦想的最好时机。

仲威平在高考志愿单上郑重地写下了"伊春师范学校"这个名字，她希望能够通过四年在师范类院校的专业学习，早日成为一名合格的人民教师，为乡村教育事业贡献一份微薄的力量。

然而，梦想很丰满，现实很骨感。高考成绩发布后，仲威平因几分之差无缘伊春师范学校。"爸，你是不是对我很失望？"看着父亲期待的眼神，仲威平的眼泪再也止不住了。"胜败乃兵家常事，不能因为这一次的失败就否定所有。这和作战一样，这次不行，我们就再试一次，只要不放弃，早晚都能取得成功。"父亲的这段话在仲威平脑海中萦绕了许久，她没有想到对于自己的"失败"，父亲不仅没有责怪，反而心平气和地开导她。"是啊，这次不行，那我就再考一次！"带着父亲的鼓励，仲威平很快走出了落榜的阴影，将全部精力投入紧锣密鼓的复读中。

家人的意义是守望相助，是处于低谷时的安慰、理解与陪伴。在仲威平压力最大的这一年，哥哥从远方寄来的信、姐姐义无反顾的支持、妹妹开解她的俏皮话，还有母亲深夜煮的面，都成了她在学海中奋力拼搏的动力。

虽然全力以赴的结果仍有遗憾，但经历过这一切的仲威平早已"脱胎换骨"。人生的路很长，每个人都会遇到起伏与挫折，高考的失利并不代表没有实现梦想的能力，只要保持努力上进的心，总有一天会找到人生的旷野。

轻舟已过万重山

1988年，仲威平偶然间得知了新华村小学急需代课教师的消息，这令她原本"安分"的心又重新活跃起来。当时，不少偏远贫困山区因财政困难而招不到公办老师，公办老师的空缺便需要代课教师来填补，所以不少学校就会面向社会招聘高中毕业的优秀学生担任代课教师。

没有正式教师的"名分"，从工资，到职称评定，再到业务培训都无法与正式在编教师享受的待遇一致……仲威平坐在院子里想了许久，理想与现实的天平究竟该如何倾斜？"去吧，"父亲的声音从身后传来，"当老师是你的梦想，不用考虑那么多，去好好教孩子们，准没错！"听了父亲的话，仲威平毅然决定去报名。

新华村和新一村虽同属工农乡，但相距十多千米。每天，仲威平早早从家出发，步行上班。虽然要走一个多小时，但是她不觉得累。"就是个学校临时工，有必要这样吗？"面对仲威平的"执着"，亲戚们有时不理解。但只有仲威平自己知道，当站在讲台上的那一刻，当看到那些渴望读书的眼睛，自己内心理想的火苗燃烧得更旺了。虽然她只是新华村小学的一名代课教师，但是她只要当一天"老师"，就要对得起这个称谓。

新华村小学两个月的代课时光转瞬即逝，就在仲威平思考何去何从时，工农乡经上级批准开始面向社会招聘民办教师，只要拥有高中学历，就可以参加考试。这对仲威平而言，无疑是一个天大的喜讯。虽然在许多人眼中，民办教师与有正式编制的教师存在一定差距，但在仲威平的心里，只要能继续从事自己喜欢的工作，这就是莫大的幸福。

有了一定的教学经验，再加上高中的知识储备，仲威平顺利通过了民办教师的考试，拿到了"民办教师任用证书"。开心之余压力也随之而来，因为民办教师的身份并不意味着稳定，只有完成当年的课程任务，才能获得第二年的应聘机会。仲威平在心里不断地给自己鼓劲儿："只要努力，没什么完成不了的。"

这年初夏，仲威平告别了新华村小学，带着对下一段路程的期许，重拾勇气，整装前往。

向后看，轻舟已过万重山。

向前看，前路漫漫亦灿灿。

第三章　不变的初心

扫码解锁

◎群英颂歌◎乡村育梦
◎师道传递◎奋斗底色

"六个"仲老师

1988年，取得民办教师任用证的仲威平在机缘巧合下，来到了位于铁力市工农乡兰河村的兰河小学任教。说是小学，兰河小学其实就是一排排老旧的土坯房，勉强布置出五间简陋的教室。仲威平走进其中一间，在不足二十平方米的空间里摆放着四张桌子、八把椅子，还有一张办公桌。

"老师好！"新老师的到来令孩子们激动不已。

"同学们好，请坐！"仲威平看着一双双明亮的眼睛，虽然他们个头参差不齐，但求知若渴的眼神如出一辙。

"你几岁了？""老师，我六岁！""你呢？""我十岁"……了解完情况后，仲威平也认真地向孩子们介绍起了自己。"我叫仲威平，今年二十二岁，你们可以叫我仲老师！"

"仲老师好！"孩子们的声音夹杂着春泥的芬芳，坚定了仲威平要当好人民教师的信念。

当时的兰河小学实行六年制，但由于生源有限，每个年级的学生有多有少，无法进行平均分配，加上师资力量欠缺，学校一直采取"复式教学"。

"复式教学"指的是把两个或两个以上年级的学生编成一班，由一位教师用不同年级的教材，在同一节课里对不同年级的学生进行教学。这种"复式教学"的模式始于清朝末年。中华人民共和国成立后，为了普及教育，在人口居住分散、交通不便的山区、牧区和其他农村地区仍采用这种方式教学。考虑仲威平有一些"复式教学"的经验，学校便将教授二、三、四年级学生的重担交给了她。

说没有压力，那是假话，怎样保障三个年级的学生在同一间教室里能够相对独立又有计划地交替学习，这是摆在仲威平面前最大的障碍。此时此刻，她想起了父亲——那个无论面对多大困难都勇往直前的男人。"是啊，我也要像父亲一样不惧挑战，迎难而上！"想到这儿，仲威平鼓足干劲儿，进入忙碌状态。

她首先按照不同年级将教室分为三个区域，然后采用"动静教学法"，即一个年级学生"动"起来听讲，另两个年级的学生"静"下来写作业或复习，这样"动静"搭配，保证每个年级的学生都能专心致志地学自己的课程。有时三个年级都能听懂的课，仲威平就按照室内室外进行分区教学，室外上体育课，室内上音乐课或者美术课。就这样，来到兰河小学的第二周，仲威平竟然奇迹般地适应了高强度的工作。试想一下，就算一天只给三个年级上语文课、数学课，那就是有"六个"仲老师在工作呀！

不过，1988年拍摄的这张照片里只有一个仲老师，她二十二岁，正是如花的年纪。那天中午格外晴朗，孩子们都回家吃饭了，同事便叫上仲威平一起到村子北面的山坡上玩。虽然山的名字仲威平至今都没弄清楚，但这张照片成了她一生最难忘的回忆。

山并不高，但站在山顶，吹着微风，也颇有"登高望远"的意境。就在几人尽情享受大自然之时，一个背着相机包的人"闯入"了她们的视线。"这里有人拍照？要不也请他给咱们拍一张？"有同事提议，"好啊，你看这里的风景多么美丽，拍出来一定好看。"20世纪80年代的农村，想要拍一张照片并不容易，要么得走

⊙ 仲威平来到兰河小学后的第一张照片（1988年）

到乡里的照相馆，要么就得邀请照相馆的师傅来村里。如今会照相的师傅就在眼前，简直就是天时地利人和！心花怒放的几个人立马找到师傅商量，一听几个人是老师，而且还有意外收入，照相师傅也是乐意至极，甚至还热情"指导"起来。

咔嚓，伴随着一声清脆的声音，仲威平来到兰河小学的第一张照片"诞生"了。照片里的她笑得是那么开心，颇有"人比花俏"之感。而这张照片也成了仲威平教师生涯中第一份教师节礼物。

> 在阳光温暖的春天
> 走在这城市的人群中
> 在不知不觉的一瞬间
> 又想起你
> 你是记忆中最美的春天
> 是我难以再回去的昨天
> 你像鲜花那样地绽放
> 让我心动①

如今，五十八岁的仲威平再次翻看这张照片，内心百感交集，好似二十二岁的青春回望了她一眼后，跟她轻声告别。

"欲买桂花同载酒，终不似，少年游。"

---

①引自歌曲《时光》（许巍作词）。

今日宜骑行

　　20世纪80年代，自行车是凭票供应的"奢侈品"。1983年，在全家节衣缩食许久后，仲德清购买了人生第一辆自行车。1988年，仲威平前往兰河小学任教，仲德清考虑女儿上班单程10多千米的距离，便提出把这辆自行车送给女儿。"爹，我不要，我走着上班就行。""行什么行，10多千米你得走两个多小时，骑自行车50多分钟就到了。""可是……""别可是了，让你骑你就骑。"仲威平看着父亲的背影，他的背比往年更弯了。

　　第二天早上，仲威平满怀期待地推着自行车上班了。她脑子里想象的画面是清风拂过秀发，她骑着自行车在田野间驰骋。可现实是，父亲的这辆自行车除了铃铛不响，哪儿都响，一会儿车链子掉了，一会儿车胎没气了……仲威平哪遇到过这样的"麻烦事儿"，只能是见人求人，无人就推着走。一连几天下来，仲威平有点儿打怵了。"爹，我还是走着上班吧，这自行车总坏，我不会修。""你这是逃避问题。"仲德清一边给自行车补车胎，一边"教训"仲威平，"遇到困难就要解决困难，你看这不就修好了。"仲德清递给仲威平一个工具箱，"以后，你上班就带着这个，求人不如求己，会一点儿本事总没错。"

　　于是，这辆骑起来"叮叮当当"，还经常"罢工"的自行车继续陪伴了仲威平小半年，后来她实在是无法"修理"了，这辆自行车才算光荣退了休。仲威平之前想不通，父亲的这辆自行车才骑了5年，怎么就如此"不堪重负"了呢？后来的某一天，她冒着大雨往家走，深一脚浅一脚，好不容易到了家，脚底磨出了好几个血泡。这一刻，她突然意识到，这些年来，自行车就是父亲的"脚"，它和父亲一起走过一个又一个村落，把希望送到千家万户。

暑假的时候，仲威平领到了人生第一笔"工资"，虽然钱不多，但也是小半年的收入。这钱怎么花？仲威平第一时间想到的是要给家里一人买一份礼物。

想法一提，仲德清立马反对。"这钱要花在刀刃上，整这些花里胡哨的干啥？""爹，那你说这钱怎么花？""要我看，你用这钱买辆新的自行车吧。"

当一辆全新的自行车推到仲家院子里的时候，全家人好像办喜事一样开心。姐姐仲威艳把自行车擦了又擦，妹妹仲威荣亲手用红布叠了一朵小红花，绑在车把上……全家人都沉浸在添置新物件的喜悦中。仲威平自然是最高兴的那个，尤其是当她从父亲手中接过那本"神圣"的自行车证时，她就如同小学生得了奖状一样雀跃不已。

"慢点骑，记住一定锁好车。"每天早上出门前，孟凡芹都要嘱咐女儿好多遍，仲威平看了看父亲买的新车锁，拨了拨车铃铛，用清脆的声音回应着母亲。自从有了新自行车，仲威平上班的热情更高了，她常常用自行车载离家远的学生上下学。此时她还不知道，这温柔到骨子里的善良，将会为她带来一段童话般的爱情。

那是一个初秋的傍晚，天空突然下起了大雨，仲威平在回家的路上遇到一位被雨淋湿的大婶。都说秋雨最寒凉，看着眼前穿着单薄的大婶，仲威平立马把自己的雨衣脱下来递给她。"姑娘，你把雨衣给我了，那你呢？""没事，婶子，我不冷，我穿得多。你家在哪儿，我送你回去吧。"就这样，冒着雨的仲威平将素不相识的大婶送回了家。

后来，当父亲再次提起这件事时，仲威平早就忘了。"人家王叔就是相中你的人品了，爹也私下托人打听过，王田这孩子是个本分人。""对，你爹还特意去王田工作的小学暗访了，这孩子不错，伊春师范学校毕业的，是个在编的公办教师，还擅长音乐呢！"母亲补充道。父母二人一唱一和，给仲威平说得晕乎乎的。虽然知道父母是为自己好，但此时的仲威平，心思明显不在"爱情"上，她每天脑袋里想的都是怎么上好课，怎么教好学生。"那你也不能一辈子不结婚呀，你看看咱村里和你年龄差不多的，都有孩子了。"母亲的思想还是传统的，她希望女儿能在最好的年纪觅得良人。"你们俩都是老师，还有共同爱好，怎么就不能先接触试一试？"父亲这句话一出，仲威平仔细想了想，父母说得也对，先了解了解。这一了解不要紧，仲威平竟然发现，父亲口中的王田不是别人，正是自己在新华小学代课时的同事。

命运的齿轮悄然转动，有缘的人自会相遇。1990年2月14日，情人节当天，两位年轻人仅拍了一张照片，就迈入了婚姻的殿堂。虽然没有隆重的仪式，但两颗彼此相爱的心让平淡的生活就此熠熠生辉。每天，王田都会接送仲威平上下班，这仿佛已经成了他爱她的一种习惯。而那辆自行车，并没有因为承载了两个人的重量而有所"怠慢"。余晖下，二人的影子被拉得很长，那应该就是幸福的模样。

⊙ 2009年4月，仲威平一家三口合影

八颗心的约定

　　1997年，国务院办公厅发出《关于解决民办教师问题的通知》，提出了"争取到本世纪末基本解决民办教师问题"的目标。那一年，仲威平正式报名参加了"民办转公办"考试。再次走入考场，仲威平已不再像高考学子那般紧张无措，相反她的心态特别平和。"该看的书都看了，该备的课也都备了，你就别替我担心了。"当丈夫王田得知几百人同时争取二十个名额时，他比仲威平还要紧张。

　　所有好运的背后，都藏着日积月累的努力。成绩公布当天，仲威平不负众望成功入选。然而，当教育局通知仲威平去伊春师范学校进修时，她原本平静的内心瞬间起了涟漪。伊春师范学校？那可是自己年少时的梦啊！"爸，妈，我要去伊春师范学校进修了。"好不容易等到星期天，仲威平马不停蹄地赶回家，把这个好消息和家人分享。"好，好，我姑娘就是有出息！"母亲在旁边乐得合不拢嘴。父亲虽然没说话，但仲威平在他脸上看到了久违的笑容。

　　子女优秀，是父母一生最大的骄傲！

　　1998年，为了优化农村教育资源配置，全面提高教育投资效益和教育质量，促进农村基础教育事业健康可持续发展，铁力市根据相关规定，摒弃"村村办学"的方式，对邻近的学校进行教育资源整合。

兰河村是铁力市工农乡位置最偏远的村落，虽然这几年翻盖了教室，但兰河小学的整体教学环境还处于下游，加上学生和老师越来越少，所以村里村外的人习惯称这里为"教学点"，而非学校。种种因素叠加，兰河小学也成了市里"教育资源整合"的目标之一。

消息一传开，有人欢喜有人忧，仲威平则是喜忧参半。喜的是，整合教育资源可以实现资源共享，可以有效消除教育机会不均衡的现象，从而确保每个孩子都能够接受更优质的教育。忧的是，新学校在二屯村，位于兰河村和新一村的中间位置，虽然自己上下班能减少一半的路程，但孩子们上学就要多走五千米。有家长接送的孩子自然不用担心，可大多数单亲、留守以及残疾的孩子怎么办？

"我觉得撤并兰河小学不太合适。"夜晚，仲威平和丈夫王田唠起了自己的顾虑。"你呀，就是凡事想太多。你现在已经是一个公办教师了，怎么就不能去个好点儿的学校？再说了，孩子们虽然上学远了，但学校好比啥都强。""我也希望孩子们好，但是我心里总是七上八下的。""所以，你现在要做的是好好睡一觉，以最饱满的状态投入新学校的工作。你想想，以后咱们俩就在一个学校上班了，不仅工作上有个照应，而且能节省出时间多关心儿子，多好！"

提到儿子，仲威平沉默了。是啊，自己的孩子还那么小，是应该多拿出点时间陪伴他成长。仲威平躺在炕上，努力地说服着自己，可眼前不由自主地闪现她和学生们在一起的点点滴滴。二年级的孙雷、三年级的单井艳、四年级的宋慧杰、五年级的宫雪……她仔细数了数，兰河小学至少有八个孩子会因为家庭或者身体原因不能转学，那他们面临的结果将是什么？只能是……当"辍学"两个字浮现在仲威平脑海中时，她的心像被揪了一下。让大多数孩子享受到优质的教育资源一直是自己努力的方向，可这八个孩子呢？他们也有享受教育的权利呀！

仲威平不停地调整着睡姿，却怎样都无法入眠，就这样思绪万千，一直到天亮。第二天一早，她骑着自行车早早地来到了学校，看着眼前空旷的教室，破旧的桌椅，还有为了抵御严寒搭起的炉子……她的眼圈一下子就红了，近十年，她和孩子们在这里度过了多少快乐、温暖的时光啊！

"老师早！"

"老师好！"

叽叽喳喳的声音打断了仲威平的离愁别绪。"仲老师，我爸说看到您来学校了，所以我们就赶紧跑来了……老师，咱们学校真的要被撤并了吗？如果那样，我们……我们就上不了学了……"说话的是宫雪，她喘着粗气，小脸儿冻得红通通的，但眼神里满是不舍。

"老师，我们想上学……"

"老师，您别走好吗？"

"老师，您还能教我们吗？"

"老师，您别抛弃我们……"

一声声老师，触动着仲威平的心弦，尤其是当她听到"抛

⊙ 1998年，仲威平在兰河小学给孩子们上课

弃"两个字时，她再也忍受不住内心的悲伤，和孩子们抱在了一起。是啊，自己是一名老师，当粉笔和铅笔连接的那一刹那，师生之路就此开启。孩子们的一句"老师"，是责任，更是沉甸甸的承诺。"你们放心，只要有一个孩子在，老师都不走，老师陪你们！"二月的北方，风呼呼地刮着，心暖天不寒。

坚定了内心的想法后，仲威平第一时间向有关领导申请留校，她同时做起了家人的思想工作。这中间的过程有多么艰难，仲威平从未向外人提及。大家看到的只是短短一个月的时间，仲老师就长出了许多白发，她才三十二岁呀！

1998年3月，四季初始，仲威平的坚持令一切峰回路转——兰河小学保住了！但与此同时，学校也只剩下了她一名老师，这意味着，仲威平"一人一校"的漫漫教学路开始了。从此，班主任是她，科任老师是她，就连校工也是她……身兼数职的仲威平回家越来越晚，陪儿子的时间越来越少。在那间简陋的教室里，八个孩子被分成了五年级，但八颗心紧紧地连在了一起。

在这个瞬息万变的世界，有许多美好的东西未曾改变。比如仲威平和孩子们的约定，跨越重重难关连接了十余载的爱的纽带。

"风有约，花不误，年年岁岁不相负。"

五星红旗迎风飘扬

虽然兰河小学只有一个老师，但在课程设计上，仲威平从不马虎。语文、数学、音乐、美术、体育……她一直引领孩子们去涉猎不同领域的知识。培养孩子们爱国主义情操这种课，她更是从未落下半节。

临近国庆节，仲威平给孩子们设计了一堂"国旗知识"课，她认真地在黑板上写下了学习的内容：

> 中华人民共和国国旗是五星红旗。
> 中华人民共和国国旗是中华人民共和国的象征和标志。
> …………

她用教鞭指着，一个字一个字读给学生们听，讲台下的孩子们有的却皱起了眉头。"要是兰河小学能有一面真正的国旗就好了。"那天下课后，仲威平一边批作业一边想。第二天，她便给教育局领导打了电话，申请在兰河小学升挂一面国旗。"可以倒是可以，但一定要注意正规性。""领导放心，您提出的要求我们一定严格执行。"

放下电话，仲威平激动不已，恨不得立马到乡里给孩子们买一面国旗。可是旗杆怎么办？"还是得找村支书想想办法。"仲威平一边想，一边找到了村支书。当时兰河村的村支书是仲威平第一届学生孙德利的父亲，一听仲老师要在兰河小学升挂国旗，他当即表示赞同。"仲老师，您就说吧，需要我们咋配合，村里一定支持！""我现在缺一根旗杆。""旗杆是吧，没问题，包在我身上！"当天下午，村支书就带人去了北山坡，按照旗杆的高度和粗细标准，砍了一棵最适合的小白杨，又按照仲威平的要求，对小白杨进行了认真"修理"。不到一天，一根笔直的旗杆"诞生"了。

星期天的早上，仲威平骑着自行车赶到乡里，用自己的钱买了一面标准的国旗。

"哇，是国旗！"星期一的早上，伴随着尖叫声，孩子们不约而同地跑向国旗，感受到孩子们骨子里对祖国的热爱，仲威平觉得自己的付出都是值得的。"来，孩子们，咱们站成一排，向国旗敬礼。"听从仲威平的指挥，孩子们一个个立正站好。"少先队员敬队礼，其他学生行注目礼，目光要注视国旗，不要东张西望……"仲威平一边示范，一边细心指导每一个孩子的动作。

后来，每到星期一，孩子们都会自发站在国旗下，用少先队员最稚嫩也最纯真的方式向国旗敬礼。这一幕，成了兰河村一道独特的风景线，深深地印在了每个人的心里。

儿童节拍了拍你

因为儿童节的存在，六月的开始总是带着点儿可爱，全国的小朋友都开始期待六月的到来。即使地处偏远的兰河小学的孩子们也不例外。

所以，每年的儿童节，都让仲威平绞尽了脑汁。在她看来，孩子们获取知识的途径不应局限在课堂上，课外视野的开阔也同样重要。这一年儿童节，仲威平作了一个大胆的决定，她要带孩子们去"看海"。说是"海"，其实就是兰河村西南方向的呼兰河支流。

孩子们根本不在意看的是"海"还是"河"，只要一想到可以集体出去玩，大家都兴奋得不得了。"老师，我还没见过呼兰河呢。""我也是，我妈总说那个地方危险，不让去。"孩子们你一言我一语，他们的欢快劲儿像极了脱缰的小马。"去可以，但是什么第一位？""安全第一位。"孩子们齐声回答。"对，必须保证安全，不准乱跑，统一听指挥，好不好？""好！"

有行动不方便的孩子，仲威平就用自行车载着，大家一路欢歌笑语，转眼就到了呼兰河畔。"看到这条界线了吗？"仲威平像孙悟空一样用木棍在地上画了一条深深的线，"谁都不能跨越这条线，明白吗？""明白！"孩子们的声音如河水一般清澈。

初夏的呼兰河缓缓地流淌着，她静静地看着孩子们在河滩上撒欢，孩子们一会儿用沙子堆房子，一会儿玩老鹰捉小鸡，一会儿又开始在沙滩上玩跳房子游戏……他们小小的脚丫上沾的不是泥沙，是大自然赋予孩童的快乐。

看着孩子们如此释放天性，仲威平也深受感染，仿佛自己也回到了童年。看见孩子们玩累了，她就提议大家坐下围成一个圈，来玩"击鼓传花"，拿到花的人需要说一个和呼兰河有关的比喻句，说不出来的就唱一首歌。

"呼兰河的河水是温柔的，像妈妈抚摸我的脸。"

"呼兰河的河水是欢快的，像调皮的小伙伴在唱歌。"

"呼兰河的河水弯弯曲曲的，像一条蓝色的丝带。"

"清亮的呼兰河就像一面大镜子，照出太阳七彩的光芒。"

"呼兰河像大海，我就像海里一条不听话的鱼。"

苍海的"比喻句"一出，孩子们立刻笑得前仰后合。"笑什么笑，鱼在大海里，不听话很正常。"这回，同学们笑得更厉害了。"好了，好了，孩子们，时间也不早了。老师也来说个比喻句，说完咱们收拾东西回家，好不好？""好！"孩子们鼓着掌，期待着仲老师"出口成章"。

"我希望你们都能像呼兰河水一样，不被狭窄的河岸束缚，勇敢地突破巨石的阻拦。"

有了第一次美妙的体验，孩子们便更加期盼下一个儿童节的到来，这可让仲威平发了愁。"你说，今年儿童节我领孩子们干点儿啥好呢？"临近儿童节的某一天晚上，仲威平问正在备课的王田。"一个人上好几个年级的课，没见你发愁，让一个儿童节愁成这样，你可真行！"王田忍不住打趣道。

第二天手工课，仲威平打算领孩子们捏泥巴。不比城里的孩子，兰河小学的学生们没有橡皮泥，更没有五颜六色的黏土，有的只是就地取材的泥巴。好在孩子们也不觉得脏，捏得一个比一个起劲儿。"老师，你看这是我捏的云彩。""这是我捏的小鸟。""这是小花和小树。"……仲威平看着孩子们充满奇思妙想的"创作"，竖起了大拇指。"老师，公园怎么捏？"有孩子问，"我想让小鸟、小花、小树都在公园里。"

"公园？"这一下子把仲威平难住了，孩子们捏的这些物件都是生活中看到过的，唯独公园，孩子们别说去过，连看都没看过。仲威平脑子里一闪而过"铁力市公园"五个字，听说这个公园很美，仲威平虽然去过市里几次，但每次都是来去匆匆，也没逛过。此刻，一个大胆的想法突然涌入她的脑海："这个儿童节，我何不带孩子们去趟公园呢？"

"你呀，可真敢想。"王田知道妻子的想法后，第一时间帮她分析了这件事达成的难度。"首先，兰河村不通车，孩子们怎么去市里，你一个人骑自行车能载这么多孩子吗？""我可以自己出钱包车。""其次，你考虑过家长和教育局的意见吗？他们放心你一个老师带这么多学生出行吗？""这个……你提醒得对，明天我就和家长沟通，然后向教育局申请。"王田看着如此执着的妻子，转过头不说话了。"最后呢？最后是什么？"仲威平追问着王田，"最后啊，最后我能说什么，我支持你！"仲威平笑了，这么多年，丈夫总是无条件支持自己的一切决定。

令仲威平没想到的是，这次儿童节的前期准备会如此顺利。

家长支持，教育局同意，王田还给孩子们提前买了面包和水。出发的那天，孩子们也非常乖巧，他们按照仲老师说的有序上下车，过马路的时候也是手牵着手过人行横道。

公园，对于许多城里人来说，是让游客休息、游览、锻炼以及举办各种集体文化活动的场所，到公园里逛一逛已司空见惯。可是对于兰河小学的孩子们来说，当他们走入公园的那一刻时，就感觉他们仿佛进入了"人间天堂"，这是他们见过的最漂亮、最宏大、最神奇的地方。喷泉、假山、健身器材、游乐场……电视里的公园就这样出现在眼前，孩子们看得眼花缭乱。那天也有一些家长带着孩子在公园里过儿童节，但像仲威平这样"一拖四"的还真没有。"孩子们，咱们在这留个念吧！"看到公园里有拍照的地方，仲威平也想给孩子们留个美好的纪念。

"一二三，看这里！"

"茄子！"

2005年6月1日，仲威平领着兰河小学的四个孩子——吕雪松、谢颖、庞运发、袁泉，在铁力市公园用一张照片记录下了人生幸福的瞬间。

什么是好的教育？仲威平用实际行动给出了标准答案，那就是多为孩子提供看世界、了解世界的机会。他们走过的路、读过的书、见过的人，在未来的某一天都会成为他们成长之路上熠熠生辉的存在。

我见过了月亮，又怎会贪恋星辉？

⊙ 2005年6月1日，仲威平（左二）和孩子们来到铁力市公园游玩时的合影

第四章　漫长的季节

扫码解锁

◉群英颂歌◉乡村育梦
◉师道传递◉奋斗底色

雪落下的声音

　　每年，当仲威平开始有条不紊地为教室的窗户糊窗户缝、钉塑料布时，学生们就知道，北方漫长的冬季又要到来了。铁力市的冬季严寒干燥，最低气温可达零下四十二摄氏度。每年冬天对于仲威平而言，都是一年中最具"挑战"的时候。

　　清晨，呼啸的北风肆意吹过，白茫茫的雪幕将视野慢慢吞噬，一辆红色自行车在雪地中显得格外扎眼。仔细瞧，那是身穿笨重军大衣、脚踩厚棉鞋、手戴大手闷子的仲威平正踉跄又坚毅地骑行在风雪中。"快点儿蹬，快点儿蹬，运动运动就不冷了。"虽然她内心不停地给自己鼓着劲儿，可一旦出了汗，风一吹，整个人立马感到"透心凉"。

　　有时大雪一连下好几天，方圆十里不见人影，自行车根本无法使用，仲威平就只能顶风冒雪步行两个多小时到达学校。有一年冬天，工农乡下了一场史无前例的暴雪，那雪厚到没过膝盖，压断了树枝。那天凌晨四点，仲威平从睡梦中醒来，她蹑手蹑脚地穿好衣服，带好书本准备去上班。"你咋起这么早？"母亲听见了动静，起身问。"今天雪下得大，我得早点儿出门才能不耽误给孩子们上课。""请一天假不行吗？这外头的雪下得太大了，黑黢黢的多危险！""没事，妈，你再睡会儿，我走了！"透过窗户，孟凡芹看着女儿坚定的背影，这一幕似曾相识。那些年，丈夫仲德清也是这样，只要是为了工作，那便风雪无阻，不管她怎么劝，丈夫留给家人的永远都是一个背影。

出了门，仲威平才知道是自己低估了这场暴雪的威力。风夹杂着冰雪呼呼地打在脸上，仲威平的脸像刀割一样疼。厚厚的积雪盖住了原本的小路，加上天还没亮，仲威平只能捡一根树枝摸索着前进。到了下坡的地方，一不留神，仲威平就摔了一个"屁墩儿"。好在她穿得厚，站起来拍拍雪还能继续走。可是遇到上坡路就没有这么简单了，走一步滑两步……就这样不知走了多久，天渐渐亮了些，仲威平终于看见了兰河村。

"这么大的雪，怎么有人站在村口？"仲威平擦了擦眼睫毛上的冰碴儿，这一排身影十分熟悉。她不由得加快了脚步，而村口的身影也逐渐清晰起来。"是仲老师，仲老师来了！"眼尖的孩子一眼认出了老师，向仲威平的方向飞奔而来。"大雪天的，你们怎么出来了？""老师，我们出来迎迎您！"看着孩子们一个个被冻得发紫的小脸，仲威平内心百感交集。"老师都迟到了，你们就这么相信老师吗？""当然，老师说过，天上下刀子也要来上课……"孩子们一边说，一边争着帮仲威平拿东西。都说优秀的孩子是被信任出来的，可优秀的老师又何尝不是？这双向奔赴的爱抵得过严寒，让人忍不住想起那句：冬天来了，春天还会远吗？

后来，随着生活条件改善，在骑坏了八辆自行车后，仲威平终于有了第一辆电动车。可这辆特别方便、特别省力的代步工具在冬天也是"举步维艰"，仲威平不得已还是采取步行的方式给孩子们上课。村里的家长们都说，仲老师是他们见过"走路最多、讲话最多、课时最多、教材最多、备课最多的老师"。

"我自己冷点儿、累点儿都没关系，只要孩子们不挨冻，比啥

⊙ 2008年冬，仲威平（左一）和孩子们一起清理学校门前的积雪

⊙ 寒冬，仲威平骑自行车在上班的路上

都强。"这是仲威平常常挂在嘴边的话。不比城里，兰河小学没有暖气，更没有空调，炉子是冬天教室里唯一的取暖设备。秋天的时候，仲威平便未雨绸缪，带着孩子们把操场周边空地上的蒿草都割下来，分开打成捆，留着做生炉子的"引柴"。等到了冬天，她自己再每天从家里背一些木块来，炉子的火就能一直生得旺旺的。为了第二天在孩子们进教室前能够快速点着炉火，仲威平每天放学后都会先把炉灰掏干净。可即便她考虑得如此周全，教室里的温度也难以让人感到温暖，孩子们依旧穿着棉袄棉裤在教室里学习，仲威平拿教鞭的手也被冻得发红发紫。

中午，孩子们都回家吃饭了。仲威平坐在炉子旁，喝口热水，吃口热馒头，烤烤手，这是她感觉最悠闲的时候。窗外，雪花又飘落了，风一更，雪一更，她在雪落下时听见的却是琅琅的读书声。

一个都不能少

有人说，世界上最不缺的就是"替代者"，地球离了谁都能转。但自从1998年兰河小学实行"一人一校"模式，仲威平的存在就变成了无可替代的。她不在谁来管理学校？谁来给孩子们上课？

人吃五谷杂粮，哪有不生病的。每当有个头疼脑热，都是仲威平变身"铁人"的时候。只要不发烧，她就吃一片药挺着。症状严重时，她甚至会在教室里打着点滴坚持给孩子们上课。

"仲老师，谁给你打的针？"学生颜玉婷的家长是村医，这天她来给孩子们打预防针，正好看见了一边打点滴一边上课的仲威平。"我……我自己，"此时的仲威平像犯了错的小学生，言语间局促不已，"我不是……之前跟你学过扎针嘛，正好这次生病，我实践了一下……一针见血，可以出徒了。""仲老师，你知不知道这样很危险？生病得休息，不能硬扛，出事了怎么办？""没事的，我自己的身体自己清楚。"

仲威平嘴上说着没事，身体却很诚实。

2005年冬天，仲威平生了一场大病，各种症状来势汹汹，严重到她连炕都下不了。"我能行。"她向丈夫王田比画着，数日的高烧已让她的嗓子说不出话。"行什么行！为了这帮学生，你是不是连命都不要了？"王田把药递给仲威平："这样吧，我和学校请几天假，替你去兰河小学上课，你在家好好打针吃药。"丈夫嘴上虽有"埋怨"，但也着实心疼妻子。听见王田这么说，仲威平苍白的脸上露出了笑容，她拿起笔，认真交代起了孩子们的情况：谢颖是班长，有什么事都可以找她帮忙；吕雪松上课总是走神，要多多提问他；庞运发遇到困难会习惯性地皱眉，如果看到他皱眉需要主动问他怎么了……这份嘱托，被王田深深地记在心里。

未经他人苦，怎知他人如此苦？

那天，王田冒着风雪骑了一个多小时的自行车，脑海里反反复复出现妻子瘦弱的模样。这么多年，她是怎么抵抗住风霜雨雪，坚持到兰河小学给孩子们上课的呢？以她的教学能力和资历明明可以去更好的学校，她为什么就不能听自己的劝说，调到离家近一点儿的小学呢？兰河小学的孩子们到底有什么"魔力"，让妻子如此放不下？想到这些，王田不禁加快了速度，他要去兰河小学找一个答案。

　　显然，这道题并没有那么容易解答。当天晚上王田一到家，仲威平就迫不及待地等王田分享代课的故事。在她心里，丈夫业务能力强，还会唱歌，一定会和孩子们打成一片。王田却一脸愁容，像打了败仗的将军。"你的孩子们只喜欢你，不喜欢我。""怎么可能？孩子们是最敏感的，谁对他们好，他们知道。你呀，不能只顾着上课，要和他们多沟通。"仲威平拉着王田的手，"辛苦你了，王老师，可千万别把我的孩子们教掉队了！"

　　孰料一语成谶，第二天王田在校门口等了许久，除了谢颖，其他孩子都没来。"谢颖，你知道大家为什么不来上学吗？""可能……可能是怕仲老师……不要我们了。"谢颖吞吞吐吐，声音越来越小。"怎么会这样？"王田在心里琢磨着，自己从教这么多年还没遇到过如此"棘手"的事情。他尝试换位思考：如果妻子在，她会怎么解决这件事呢？王田的脑海中突然闪现了答案。

　　"谢颖，你知道其他同学家都在哪儿吗？""我知道。""好，那你带老师去，咱们把同学们一个一个找回来。"

　　循着谢颖的脚步，王田叩开了一家又一家的门，说了一遍又一遍相似的话，"仲老师真的生病了，不是不管你们，你们听话，她的病才会好得快……"看着孩子们拿起书本，重新坐在教室的那一刻，王田突然找到了他一直想要知道的答案。

　　这个世界上根本不存在什么"魔力"，一切看似不可能的事情背后都是因为爱。

　　休养了十天，仲威平的身体才逐渐有了起色，尽管母亲和姐姐都劝她再休息几天，可她的心早就飞到了兰河小学。

"仲老师！"当仲威平重新出现在校门口时，孩子们的思念溢于言表。"老师，您病好了吗？""老师，您不在的时候我一点儿都没淘气。""老师，我们又学新歌了。""老师……"每个人都迫不及待地想和仲威平分享这段时间的故事。看着这群叽叽喳喳的孩子们，仲威平感觉自己以往的精气神儿又回来了。

2007年，仲威平的身体再次亮起了"红灯"，可这次她硬是挺到孩子们期末考试结束，才住进铁力市医院。"你的卵巢囊肿是因为长期劳累、饮食结构失衡和受冷受凉导致的，现在已经很严重了，为什么拖这么久才来手术？"医生"责备"仲威平不爱惜自己的身体，可他哪里知道这一切都是因为兰河小学的孩子们离不开仲威平呀！

好在两个多小时的手术顺利结束，仲威平转危为安。同病房的病友听说了仲威平的故事，满脸诧异。"你图什么呀？把自己身体都搭进去了，得到啥了？"图什么？其实好多人都问过仲威平类似的问题。"做一件事一定要有所图吗？"仲威平思索着，"如果真有，那我就图孩子们长大以后都能在社会上立足，报效祖国！"

曾有人总结生命中"一个都不能少"的东西——最珍贵的健康、最温暖的善良、最美丽的微笑和最有趣的爱好。或许对于仲威平而言，她的人生中最不能缺少的还有作为教师的责任。

"一叶虽轻，可适九万里。"

⊙ 2007年，仲威平（二排左三）与孩子们在学校门前的合影

是妈妈，是女儿

树欲静而风不止，子欲养而亲不待。这大抵是人生最大的遗憾。

仲威平的母亲孟凡芹出生于1932年，在儿时仲威平的眼中，母亲不善言辞，总是习惯用行动表达着一切。父亲仲德清性子倔、脾气急、做事说一不二，母亲从不与之争辩，家中大事小情全由父亲做主，包括教育子女。

有一年秋天，仲威平跟着哥哥、姐姐出门捡柴火，正好碰上生产队拉麦秆的车从家门前经过。高高的麦垛本就晃晃悠悠，在经过一个深坑后，两侧的麦秆像秋天的落叶一样扑簌扑簌往下掉。看到得来全不费工夫的"柴火"，三人兴高采烈地抱"柴火"回了家。哪知父亲知道事情原委后，雷霆大怒，"说，为什么要捡别人的东西？"仲威平和姐姐被父亲吓得瑟瑟发抖，躲在母亲身后。"爹，不关妹妹们的事，是我先去捡的。"哥哥自告奋勇站了出来。"我就知道是你，我让你主意正，让你贪别人的东西……"父亲一边说一边抡起了巴掌。母亲赶紧挡在哥哥面前，却被父亲一把拉开，"我管孩子，你少掺和。"

那天夜里，孩子们都睡下后，母亲一个人静静地坐在炕沿上。迷迷糊糊起夜的仲威平看到母亲正在给哥哥轻轻地揉屁股，哥哥睡得香甜，母亲就那样看着他，目光温柔如水。

年少不知慈母意，长大才懂情深重。

当年高考落榜的仲威平在全家人的鼓励下，选择了复读。因为内心憋着"不服输"的劲儿，仲威平每天都学习到深夜。母亲就坐在她旁边安静地陪着，有时织毛衣，有时干活儿，有时悄悄地给她扒鸡蛋。"妈太偏心，天天给姐姐开小灶。"妹妹噘着嘴撒娇。母亲连忙将她拉到里屋，"给你二姐整吃的是因为她读书累脑子，以后这话可不许说了，别影响你二姐学习。"

顶着复读的巨大压力，仲威平难免有时会焦躁不安。尤其是当她遇到百思不得其解的难题时，她的内心更是火急火燎。可一回头，母亲就坐在身后，昏暗的灯光下她正缝缝补补那件早已老旧的衣服，"咋了，姑娘？""没事。"

都说成长是一段孤独的旅程，但此刻因为有母亲的默默陪伴，仲威平有了前行的力量。或许，这就是来自母爱最原始的庇佑。

时间一转眼来到了2006年6月22日，夏至的第二天。早上吃完饭，仲威平像往常一样推着自行车要去上班。母亲也照例陪着她走到门口，只不过今天母亲的步履有些蹒跚。"妈，你咋了？"自父亲去世后，母亲由于悲伤过度加上常年劳累，患上了心脏病。"我心脏有点儿不舒服，你能不能请一天假？"母亲试探着问。"你先进屋，我这就去找村医。"仲威平骑上自行车就往村医家赶。

"大妈，您最好还是去趟市里的大医院好好检查检查。"村里没有任何检测心脏的医疗设备，村医也只能靠着经验下方子。"不用不用，就是人老了，零件儿不好用了，没啥大事。""妈，真没事儿？""没事儿，你快去上班吧，孩子们该等着急了。""我让威荣来陪你说说话，过几天学校就放暑假了，到时候咱们去市里好好检查检查。""行，你快走吧！"母亲一边说着一边推仲威平往外走。

透过窗棂，母亲看着女儿急匆匆的背影，眼中满是不舍，或许这一刻，她已经感知到了什么。到了学校的仲威平，心里也像揣了一只小兔子一样，心慌到不行。"仲老师！"刚上第二节课，赵校长就出现在了教室门口。"校长，是有什么事吗？"看着校长凝重的表情，仲威平的心一下子提到了嗓子眼。"那个……我是来接你的……老太太……可能……不行了……"

赵校长后面的话仲威平已经听不清了，一瞬间天旋地转，她差点儿倒下，好在孩子们眼疾手快，扶住了仲威平。"同学们，仲老师家里有急事，今天放假一天，具体补课时间再通知。"赵校长有条不紊地组织孩子们放学。"谢颖。"仲威平这才意识到自己还在课堂上，"你领着大家结队走，一定注意安全！"

坐上摩托车，耳边的风呼呼地吹着，仲威平的眼泪再也止不住了，她的脑海中不断浮现母亲这些年来为自己的付出。自打成家生子后，母亲成了帮自己操持家务和带孩子的"主力"，让自己毫无后顾之忧；当年自己提出"一人一校"的想法时，也是母亲第一个站出来支持自己；还有每次生病，母亲都是没日没夜地照料在旁……这些片段还清晰地存在她的脑海中，怎么母亲就要离开了呢？

那天，是仲威平第一次觉得回家的这条路如此遥远，时间如此漫长。当她飞奔进家门时，母亲还保留着最后的意识，她在等她的二女儿回来，陪她走完人生的最后一程。"妈……"这声"牵挂"喊出，从此便再也没人应答了。

因为母亲的离世，仲威平内疚了好久，如果那天她不去上班，如果她早点儿带母亲去大医院检查，如果……人生没有如果，来日并不方长。仲威平一遍又一遍地整理着母亲生前叠放在柜子里的衣

⊙ 1997年，仲威平和她的儿子与母亲的合影

服，那是她四处动员给学生们筹集的衣物。还记得那天，母亲一边叠衣服一边说："衣服虽然是'捡'的，但也要洗得干干净净，让孩子们穿得体体面面。"

> 人长大不轻松
> 我后来才知道
> 孩子会穿过大雨
> 去懂人间的道理
> 我只能唠叨
> 因为我已帮不上你了①

2023年春晚，当仲威平听到这首歌时，她又想到了母亲。"中午记得吃饭""慢点骑车""多穿点衣服"……母亲的碎碎念是世界上最悦耳、最动听的声音。

坚持走，有花路

天空那朵盛开的云，缓缓飘过山顶，随风去向天边，有些告别，是再难相见。2006年夏天，料理完母亲的丧事，仲威平收起悲伤的心情再次回到了学校。转眼间，新的一学期又开始了，属于仲

---

① 选自歌曲《是妈妈是女儿》（唐恬作词）。

威平和兰河小学孩子们的故事也翻到了新的篇章。

这一天，仲威平正准备给孩子们上课，没想到市教委相关领导突然到访。"仲老师，马上就到教师节了，我们来看看您和孩子们。"说话的是市教委领导杜鹏。"欢迎领导们来到我们兰河小学指导工作。"仲威平和孩子们激动地鼓着掌。"我们今天来不是指导工作的，兰河小学的情况我们都了解，仲老师您辛苦了！"时任铁力市教育局局长的毛丽颖握着仲威平粗糙的双手，无比真诚地说。兰河小学属于工农乡较为偏远的学校，这是第一次有教育局的领导来实地慰问，仲威平内心有千言万语，她想当面感谢领导长期以来的支持，更希望市里能多关注兰河小学孩子们的情况……最终这一切浓缩为两个字："谢谢！"

当然，这次市教委领导们的到来不仅仅是慰问仲威平，还给兰河小学的孩子们带来了珍贵的礼物——成套的书籍。"这些都是给我们的吗？"孩子们聚在全新的书籍旁，抑制不住内心的喜悦。"当然，你们一定要好好听仲老师的话，多多学习文化知识，将来成为对社会有用的人。"

"今天，叔叔、阿姨们给我们带来了好多新书，有绘画书还有故事书，书的味道可真好闻呀！仲老师说，要让我们记得这些关心我们的叔叔、阿姨，要好好学习，要通过读书改变自己的命运……"

晚上，仲威平批阅着孩子们写的日记，今天发生的一切也让她备感鼓舞，尤其是回想起毛局长握着自己的手说："仲老师您辛苦了！"那一刻，她觉得自己的付出和坚持都是有意义的，这句肯定是自己收到的最好的教师节礼物。

2006年10月，秋高气爽的丰收季节，仲威平迎来了教师生涯中的"硕果"。经过市教委领导研究决定，特批仲威平为小学高级教师。"这不会是做梦吧！"晚上回家，仲威平迫不及待地与王田分享。"恭喜你呀，仲老师，以后你就是咱家的高级教师了，工资、待遇都比我高一级。"王田羡慕地说。"我看重的不是这些，而是社会对我的认可。""对，对，仲老师说得对，这是组织上对你的鞭策，是对咱们乡村教师的一种鼓励。"仲威平点点头，"我以后要更加努力，毕竟比我优秀的老师有很多，我要向他们学习。"

2007年，仲威平又被评为"铁力市优秀教师"和"伊春市优秀教师"。手捧证书，仲威平的耳边又响起了母亲的那句话："坚守下去，为了每一个渴望读书的眼神。"

随着农村教育基础设施日渐完善，工农乡中心学校配备了全新的专用校车，主要负责接送兰河村及附近几个村子的学生。这就意味着，仲威平坚持的"送学路"也将告一段落。回首往昔，仲威平感慨万千，兰河小学虽然简陋，但这里有迎风飘扬的五星红旗，有课间你追我赶的欢声笑语，更有寒冷冬季的紧紧相依……

当仲威平带着兰河小学最后八个学生走入工农乡中心学校时，看到宽敞明亮的教室，孩子们笑得比花儿还灿烂。那些看似波澜不惊的日复一日，终于在今天看到了坚持的意义。仲老师，坚持走，前方有花路！

第五章　时光的影集

扫码解锁

◉群英颂歌◉乡村育梦
◉师道传递◉奋斗底色

春风吹又生

"离离原上草，一岁一枯荣，野火烧不尽，春风吹又生。"

照片中穿着白衬衫、蓝裤子的小男孩叫孙雷，是仲威平1995届的学生，《赋得古原草送别》是他最喜欢的一首古诗。"老师，为什么野火烧不尽原上草呢？"每当遇到不懂的问题，孙雷总会第一个举手提问。"因为原上草生命力顽强，有着坚韧不拔的品质。"仲威平边说边走到孙雷身边。在她眼里，这个仅有八岁的小男孩就和诗中的原上草一样，有一股永不服输的劲头。

孙雷从小患有小儿麻痹症，因为家庭贫困，父母没有办法带他到大城市医治。孙雷虽然身体上有缺陷，但从不自暴自弃，相反他特别勤奋上进。"仲老师，我既然行不了万里路，那我就读万卷书，到书里去看精彩的世界。""好，老师支持你！你要像史铁生一样，成为乐观积极的人。""老师，史铁生是谁？""史铁生是一位作家，一次意外导致他瘫痪，可他并没有因此向命运低头，反而把自己许多人生感悟化为文字，创作了一系列励志作品，是一名真正的钢铁汉子！"每当遇到下雨天或下雪天，仲威平总会主动送孙雷回家，师生二人一路上有着说不完的话。有时天气格外恶劣，自行车骑不了，仲威平就把孙雷放到后座上，推着自行车走，看着仲老师瘦小的身体为自己"遮风挡雨"，孙雷在后座忍不住抹起了眼泪。也许就是那时，让一个孩子下定了决心要成为"钢铁汉子"。

⊙ 1992年6月，仲威平（二排左四）与学生们的合影（一排左三为孙雷）

对于一个行动不便的孩子来说，求学路上的艰辛只有自己知道。在仲威平的鼓励下，孙雷凭借着坚定的意志读完了小学、初中、高中，并以优异的成绩考入了江西中医药大学。录取通知书下来的那一天，他第一时间就把这个好消息分享给了仲威平。"仲老师，我可以去学医了，我能救治更多像我一样的孩子了！"仲威平看着眼前这个个头早已高过自己的小伙子，满眼骄傲。"好，还是那句话，老师支持你！"

史铁生在《我与地坛》里说："大多数时候的放弃，是你败给了自己，而不是命运。"如今，成长于沙漠中的小男孩已经跑向了生命的绿洲。每当翻看孙雷的照片，仲威平都会在心里默默地祝福着他：孩子，向前奔跑吧，前方灯火通明，春暖花开，一切皆会苦尽甘来。

人生如棋，你愿为卒，行动虽慢，可谁曾见你后退一步。

苍海一声笑

"沧海一声笑，滔滔两岸潮。浮沉随浪，只记今朝……"

仲威平第一次见苍海，他已经十三岁了，还没上过学。苍海的父亲常年在外地打工，母亲有听力障碍不会说话。母亲无法独自照顾苍海，便只能带着苍海投奔在兰河村定居的苍海外婆家。

说起那天的故事，仲威平忍不住笑了起来。当时她正在给孩子们上课，刚讲到"少壮不努力，老大徒伤悲"，就发现好几个孩子的眼睛都往窗外瞟。顺着大家的目光，仲威平看见了在外面趴在窗台边正在做

⊙ 2005年6月，仲威平（左五）与学生的合影（左二为苍海）

"鬼脸"的苍海。"班长，你来领着大家背诵一下古诗。"仲威平边说边往外走。而此时的苍海还没意识到"危险"即将来临，还在变着花样"诱惑"教室里的孩子和他一起玩。"你叫什么名字？"仲威平突然出现在苍海身后，吓得他一趔趄。"我……对不起，老师，我不敢了。""我是问你叫什么名字？""我叫苍海。"苍海的两只手紧张地搓着衣角，像一只受惊的小鸟。"苍海？你也住在附近村子吗？""嗯，我住在附近。"苍海点点头，接着说："我刚搬来姥姥家不久。""你多大了？""十三岁。""那怎么不来上学？""我……"苍海愣了一下，"我家没钱，上不起学。"说完就低下了头。

"十三岁，如果按照正常年纪入学，该上六年级了吧。"仲威平在心中盘算着。她看了看眼前局促的苍海，心里像打翻了调味瓶。"你想和他们一起上学吗？"仲威平问。苍海没说话，但眼睛不由自主地看向了教室里正在背诵古诗的小伙伴们。"只要你想上学，钱不是问题。"苍海不敢相信仲威平说的话，眼里满是吃惊。"明天就来上学吧，老师帮你准备学习用品。"仲威平又补充道。苍海愣在原地，不知道该说什么，等他缓过神来，竟然笨拙地向仲威平鞠了一躬，转头跑了。在即将跑出校门的那一刻，他又转向仲威平的方向，再次鞠了一躬。虽然离得远，但仲威平还是看见那孩子的眼泪就像断了线的珠子一样往下掉。

第二天早上，所有的孩子都早早坐在了教室里，仲威平却站在门口不停地张望，她在等那个叫苍海的孩子。不一会儿，她就看见苍海在校门口徘徊。仲威平走过去，拉起苍海的手，"走，跟老师去上课吧。"仲老师的笑容可真温暖，好似阳光，照进了苍海的心房。

就这样，十三岁的苍海成了兰河小学年龄最大的一年级小学生。

刚开始上学的他内心有些自卑，尤其是坐在一群比自己小好几岁的弟弟、妹妹中间，每天学着同样的拼音和算术，甚至有时候弟弟、妹妹听懂了，他还是一头雾水。但很快，这种自卑的情绪就被同学们的互帮互助"消解"了，没有人因为他年龄大、懂得少而嘲笑他，更没有人因为他家里穷看不起他……在同学们眼中，苍海就是一个憨憨的大哥哥，教室里的脏活儿、累活儿他永远抢着干，遇到不懂的问题，他的脸往往在"不耻下问"之前就红得像苹果了……

仲威平格外关注苍海，她常常利用自己的休息时间帮助苍海补习，还开导苍海："只要想读书，什么时候都不晚。"

一晃五年过去了，苍海已成长为阳光善良的小伙子。原以为他的求学路会继续走下去，没承想在这一年，苍海家里突然出了变故，父亲患上了脉管炎，无法继续打工赚钱养家，苍海成了家里唯一可以依赖的"顶梁柱"。"要不再考虑考虑，哪怕让孩子读完小学呢？"仲威平因为苍海的事已经家访过许多趟了，但面对苍海患病的父亲、有听力障碍的母亲、年长的外婆，许多话仲威平确实很难再说出口了。

临行那天，苍海再次给仲威平深深地鞠了一躬，他多么希望时光能倒流，回到五年前。"老师，谢谢您，是您教会我认字、算术，我一辈子都不会忘了您！"

自此，苍海隐于"人海"。

在许多个午后，仲威平站在教室门口，还是会常常想起那个羞涩但笑起来很好看的苍海。他现在怎么样了？在大城市里站稳脚跟了吗？仲威平不敢问，只敢想。这样朴实诚恳的孩子，生活一定也会善待他吧！但愿他遇到困难时，还能想到兰河小学这个家。

人生海海，山山而川，苍海放声笑吧。

我不是笨小孩

"一八得八，二八一十六，三八二十四，四八三十二……"你能想象，有的孩子背下这段乘法口诀需要两年吗？

照片里这个身体结实、面色黝黑、鼻梁高挺的平头小男孩叫庞运发。1997年，他出生在一个贫困的家庭。父亲左上肢截断，母亲患有智力障碍，生下孩子不久后便离家出走，留下了同样患有智力缺陷的小运发。

2003年，庞运发六岁，父亲把他送到兰河小学后转身就走了，面对陌生的环境，庞运发只会靠哭来发泄情绪，一路跌跌撞撞地追着父亲。仲威平见状赶紧追了上去，一把抱起了庞运发，像对待自己儿子一样轻声细语地哄着他。不知过了多久，仲威平的胳膊都抱麻了，庞运发的情绪才慢慢稳定下来。他擦了擦眼泪，终于看清了眼前这个和自己一样高鼻梁的老师。"你是老师？"庞运发抽泣着问。仲威平点点头，模仿庞运发的样子，反问道："你是庞运发？"这回庞运发笑了，两条"鼻涕虫"也跟着跑了出来。

听说班里转来了一个"特殊"的孩子，有的家长心里直嘀咕，担心庞运发是个"精神病"，万一突然发病，影响甚至伤害到自己家的孩子怎么办？仲威平对于家长们的顾虑很理解，同时她又自己多方查找资料，向家长们还有孩子们一遍一遍耐心地解释：庞运发只是智力方面有缺陷，和精神病没有任何关系，不会伤害任何人。

⊙ 2003年，仲威平（左四）与学生们的合影（右一为庞运发）

在仲威平心里，庞运发和其他学生没什么两样，他们都是祖国的花朵，只不过这朵花的花期来得晚一些。比如她教庞运发读"8"，读了一天终于学会了，可第二天"8"在庞运发嘴里就变成了"葫芦"。比如"b"和"d"，常常把"b"写成"d"，"d"转头又写成了"b"。再比如教了两年的乘法口诀，庞运发终于能回答上"七八五十六"了，但问他"八七等于多少"，他却挠着脑袋说："老师，这个你没教我呀。"

庞运发一年级读了两年，二年级读了三年。2011年，庞运发十四岁，因为父亲劳动不便，他被家里人叫回去帮忙春耕。仲威平得知后，心里是一百个不放心。她担心庞运发的家庭状况，但更多的是担心他就此辍学。于是，只要一有时间，仲威平就往庞运发家里跑，看到他衣服、鞋子破了，就自己掏钱给他买。好不容易春耕结束了，仲威平又一趟一趟地来做庞运发家人的思想工作，想要"领"回自己的学生。看着原本和自己同级的孩子都顺利升入了三年级，庞运发自己也有点儿打退堂鼓，他觉得自己太笨了，学不会更难的课程。但仲威平反驳他说："谁说你笨，你一点儿都不笨，书山有路勤为径，只要你肯坚持，没有学不会的知识！"就这样，仲威平再次把庞运发"领"回了兰河小学，为了教会他三年级的知识，仲威平又用了足足四年的时间。

庞运发虽然与众不同，但骨子里善良真诚。他知道保护年龄小的弟弟、妹妹，知道帮仲威平干活儿，知道有一个苹果只能给仲老师吃，还知道"老师走到哪儿，我就到哪儿"。有人开玩笑说："运发都读了十年小学了，能不能给仲老师熬退休了？"庞运发也不生气，笑呵呵地跟在仲威平身后，像个小大人。

有一年教师节，下课后的庞运发一直在仲威平身边磨蹭，右手揣着上衣兜神秘兮兮的。仲威平还以为这孩子遇到了什么"难事"，便主动开口询问。庞运发摇摇头，把手从兜里拿了出来，掌心摊开，露出了一个小巧别致的红色玻璃金鱼。"老师，这是我家最好的东西了，祝您教师节快乐！"仲威平接过玻璃金鱼，上面裹了一层汗。不知道这在庞运发手里握多久了，他才终才鼓足勇气送给自己。孩子不懂礼物价钱的高低，可他知道要把自己最好的东西给老师，可见仲威平在庞运发心中是多么珍贵的存在呀！

后来，兰河小学归到中心校后，仲威平也把庞运发一起带了过去，虽然陌生的环境让他有些恐惧，但想到他能够和仲老师在一起，庞运发一点儿都不害怕。

2013年9月9日，在第二十九个教师节来临之际，中央电视台举行了"寻找最美乡村教师颁奖晚会"。庞运发作为"特邀嘉宾"，将最美乡村教师的奖杯亲手献给了仲威平。站在央视的大舞台上，庞运发有些羞涩，但他还是大声地对仲威平说："老师，我祝您幸福一辈子。老师，我爱您！"

2014年，仲威平和蒙牛集团取得联系，蒙牛集团给庞运发捐助了一辆新型农用插秧机，庞运发激动地抚摸着机器，认真琢磨了好久。这台先进设备的到来不仅节省了劳动力，还为庞运发谋得了生计。靠着插秧赚钱，父子俩的生活渐渐有了起色。2018年，庞运发父亲病逝，仲威平前去吊唁，庞运发红着眼睛对仲威平说："老师，我现在是孤儿了，但我不孤独，我能独立生活，老师，您放心！"现在，庞运发经常跟着老乡外出打工，仲威平在欣喜之余也多番叮嘱他："一定要注意安全！"

⊙ 仲威平的影集

雅斯贝尔斯说："教育的本质意味着一棵树摇动另一棵树，一朵云推动另一朵云，一个灵魂唤醒另一个灵魂。"[1]是啊，当身体有缺陷的孩子能够在爱的教育下自立自强，当幼年失学的孩子能够再次回归课堂，当无助的残障孩子因为十年的付出终于独立成长……仲威平的讲台上没有鲜花、没有掌声，只有教育的公平。因为心中有爱，所以她紧握粉笔的手总能让每一朵花盛开。

合上影集，此刻的寂静涌上心头。时光不语，但每一张留存的照片会说话，你听，他们在说："仲老师，我们爱您！"

咬定青山不放"松"

岁月，沉淀着时光，流逝着人生。一回眸，便是一处风景；一转身，就有一个光阴的故事。2003年，五岁的曹月、七岁的庞运发和吕雪松、十岁的张小军，加上三十七岁的仲威平组成了兰河小学史无前例的"五口之家"。虽然那一年学校只有四名学生，但令仲威平欣慰的是，孩子们都是"好样儿"的。

曹月虽然是学校里年龄最小的，但她最机灵。父母身体不好，一家人就靠种几亩地供曹月读书。这孩子也知恩图报，读起书来不遗余力，小学、初中、高中成绩一直名列前茅，最终考上了黑龙江生物科技职业学院。

---

[1] 引自雅斯贝尔斯《什么是教育》。

　　张小军幼年丧父，母亲一个人含辛茹苦带着他生活。小学毕业后，张小军找到仲威平，"仲老师，我不能再上学了，我得出去打工。"仲威平看着眼前流泪的张小军，忍不住把他抱进怀里。这世上许多事情大抵都是如此吧，"想"和"能"中间永远隔着无奈和叹息。好在张小军从小就不怕累、肯吃苦，靠着自己的双手改善了家里的生活条件。

　　同龄的庞运发和吕雪松是仲威平花心思最多的两个学生。庞运发在智力上有一定缺陷，许多事他不懂，自然也不会往心里去。但吕雪松不一样，他是个敏感又易怒的孩子，这与他的原生家庭有关。吕雪松三岁的时候，母亲离家出走，从此杳无音信。父亲深受打击，情绪低落，一赌气出门打工就再也没回家。小小的吕雪松就如同皮球一般，被扔给了奶奶。"这孩子小时候可愿意笑了。"提到孙子，奶奶总觉得亏欠，"自打他爹妈走了，我就再也没看见他笑过。"仲威平心疼吕雪松，尤其是为人母之后，她更加懂得父母在孩子的成长过程中扮演着多么重要的角色。

　　2001年，吕雪松入读学前班，刚开始仲威平只觉得这孩子有些叛逆，你让他往东他偏往西。在了解吕雪松的成长经历后，仲威平意识到，这孩子的种种行为只是想得到他人的关注，更确切地说，是想得到他人的爱。书写不规范，仲威平就一笔一画教他写；作业写不完，仲威平就利用课余时间陪他在教室一起完成……感受到爱的人，情绪自然也会变得稳定。渐渐地，仲威平发现，吕雪松变了，他上课认真听讲，练习本上的字也写得工工整整了。为了不拖兰河小学的后腿，他开始发奋学习。

　　但是吕雪松上四年级时，父母长期的情感缺位让他变成了心理上的"孤儿"。他不愿意和同村的小伙伴玩，尤其是那些有妈妈的孩子。听见谁在背后议论他"可怜""没妈妈"，他就像一只发怒的小狮子，恨不得捡起石子儿追着人家打。后来，看到家里的老母鸡带着小鸡崽儿在院子里"散步"，他都会抓起地上的土块，疯狂地追打着鸡群，一边追一边喊："让你们有妈妈，让你们有妈妈……"

这是后来仲威平去吕雪松家家访时，听他奶奶提起的。那时候的吕雪松已经学会旷课了，接连好几天不上学是常事。"他不想来学校，我就去他家。"上午上完课，仲威平顾不上吃午饭，带上一个馒头，就往吕雪松家赶。

第一天，补课很顺利，仲威平讲了不到半小时，吕雪松就把落下的课程学会了。"跟老师回学校，好吗？"仲威平试探着问，吕雪松不说话，摇了摇头。"好，老师明天再来。"

第二天，仲威平又准时到了吕雪松家，可这次，吕雪松不知怎么回事，躲在里屋就是不出来。仲威平隔着玻璃早就看到了，但她什么都没说，坐在院子里耐心地等吕雪松出来。可这孩子趁仲威平和姐姐唠家常的间隙，一溜烟儿跑出了院子，留给仲威平的只有一个奔跑的背影。"仲老师，对不住了，孩子大了，我们都管不了了。要不您别来了，就由着他吧。"吕雪松的奶奶踉踉跄跄地从屋里出来，言语间满是无奈。"大妈，您别这么说，孩子都是好孩子，只要他还是我的学生，我就不会放弃他！"

结果可想而知，一连几天，仲威平都扑了空。直到第八天，她才算"抓住"了吕雪松。"这几天你都去哪儿了？"仲威平开口的第一句话不是指责，而是关心，"大热天的，陪老师坐会儿吧！"出乎意料地，吕雪松拿起小板凳，乖乖地坐在了仲威平旁边。"你这孩子，仲老师都来多少趟了，你……"奶奶刚举起手，要打吕雪松，他又跑了出去。就在仲威平以为这次又要"失败"时，吕雪松竟然回来了，手里还多了一个水灵灵的大柿子。"给，老师，这是我家在园子里种的，您快吃一个凉快凉快。明天您别来了，大热天来回折腾……
我……我去上学……"吕雪松此刻的话语犹如清风，吹走了仲威平多
日来的炎热与疲惫。"好，好，老师等着你！"仲威平咬了一口手中
的柿子，这是她这些年来吃过的最甜、最好吃的柿子。

"没有花香，没有树高，我是一棵无人知道的小草……"这首
《小草》是兰河小学的校歌。之所以选择这首歌，一是孩子们喜
欢，二是仲威平希望孩子们都能像小草一样，他们虽然出身平凡，
但能够顽强拼搏。吕雪松最喜欢上音乐课，每次唱歌时声音都特别
洪亮，可是当学到《世上只有妈妈好》这首歌时，他嘴都不张。问
他怎么了，他说："妈妈从小就把我扔了，她一点儿都不好！如果
让我唱，我只会唱世上只有老师好……"

后来，每当仲威平遇到"困难"，吕雪松也总是第一个冲出
来，"老师，您看我这修车技术怎么样？"吕雪松一边换着自行车
轮胎，一边等待着仲威平"表扬"。"技术非常好，但只有技术不
行，还得学文化。"

仲威平的这句话被吕雪松深深地刻在了他的脑海中。毕业后，
吕雪松学了理发技术，在铁力市开了一家理发店，生意红火，人来
人往的交际也让他的性格变得越来越开朗。每次见到仲威平，他必
定先给仲威平一个大大的拥抱，"仲老师，我都想你了……"看着
眼前的吕雪松，仲威平还能想到那年夏天他"倔强"的背影。当时
自己站在路的这一端，看着小小的他渐渐消失在小路转弯的地方，
那背影仿佛在说："别追我！"

爱与被爱，是世界上最强大、最美妙的力量。作为"五口之
家"的家长，仲威平未曾放弃过任何一个孩子，她不仅毫无保留地
给予学生们爱，更是用自己的真心教会了每个人如何爱人。那由爱
而生的勇气，足以抵抗世间所有的孤独和苦难。

⊙ 2009年9月10日教师节，孩子们给仲威平献花

第六章　暖心的回馈

扫码解锁

◉群英颂歌◉乡村育梦
◉师道传递◉奋斗底色

大馒头有小故事

在兰河小学任教期间，由于学校离家较远，仲威平只能带午饭去学校，方便又抗饿的馒头自然成了她的首选之物。每天做早饭的时候，她都会多热两个馒头，在出门前小心翼翼地把它们放进饭盒里。

春秋两季，温度适宜，有时到了中午，馒头拿出来时还是温热的，可以直接吃。冬天，零下三十多摄氏度的天气，馒头可就没那么"听话"了，早上软乎乎的馒头中午就被冻成了硬疙瘩，必须把它们放在炉子上加热才能吃进肚子里。孩子们有时候开玩笑说："仲老师天天带'砖头'上班，馒头硬得能把牙硌掉。"可即便这样，仲威平也觉得满足，起码不用挨饿。可到了盛夏，气温升高，馒头也变得"燥热难耐"。有几次仲威平刚打开饭盒，一股馊味扑鼻而来。为了有体力支撑下午的教学工作，她只能硬着头皮，掰开馒头，把还没有变质的地方吃掉。

那天，仲威平出家门前，照例把馒头放进了饭盒里，心里盘算着："今天天气凉快些，中午应该不会馊。"可没想到，自行车刚骑到半路，天空突然下起瓢泼大雨，这前不着村后不着店的，根本没地方躲雨。仲威平一咬牙，骑着自行车在大雨里狂奔。等赶到学校时，她已经被淋成了"落汤鸡"。"老师，我去给您倒点热水吧……""老师，要不我回家取我妈妈的衣服来……"孩子们看到仲老师全身被雨淋透了，都围上来关心她。"没事，孩子们，快坐好。"为了不耽误上课，仲威平只把衣角、裤脚上的水拧了拧，便站到讲台上开始了新一天的课程。

当时十三岁的谢颖是班长，她学习认真，上课从不溜号。可那天，她的眼睛却忍不住看向仲老师瑟瑟发抖的手，还有顺着头发、衣服、裤子滴下来的水。她多么希望自己可以长得再高一些，这样就可以把自己的衣服换给老师穿了。

好不容易挨到了中午，孩子们陆续回家吃饭，仲威平终于可以处理一下自己的"狼狈"了。可这时她才发现，早上湿漉漉的衣服经过一上午的时间，已经被自己的体温"烘干"了。阿嚏，此刻一个大大的喷嚏提醒着仲威平身体已经处于受凉的状态了。"没事，吃完饭就好了，下午还能坚持。"她在心里默默安慰着自己。可没想到，饭盒一打开，眼前的景象出乎她的意料，原本白花花的两个大馒头，此时已经变成了被雨水浸泡的馒头渣儿。

"连你也和我作对！"仲威平气得把饭盒推到了一边，一上午的"透心凉"加上"泡汤"的午饭，真可谓屋漏偏逢连夜雨！"那有什么的，一顿不吃也没事儿！"仲威平硬生生地把眼泪憋了回去，"哭解决不了问题，大不了喝水，来个水饱。"她起身，把饭盒里的东西一股脑儿全倒进了垃圾桶，转头拿起杯子，咕咚咕咚喝起水来。

"仲老师……"一杯水还没喝完，仲威平就听见了谢颖的声音，"你怎么这么早就回来了？"仲威平一脸纳闷。"老师，我是来给你送这个的。"谢颖递上一个热乎乎的布兜，"这是什么？""这是我让奶奶给您烙的油饼！""油饼？你怎么知道……""每次我爷爷奶奶去地里干活，如果遇到下雨，带的馒头就吃不了了，所以……仲老师，趁着热乎，您快吃！我也回家吃饭了！"

⊙ 2004年8月，仲威平（右四）与学生们的合影（右三为谢颖）

　　看着谢颖的背影，仲威平再也控制不住自己的情绪，眼泪啪嗒啪嗒地滴在了油饼上。布兜里不仅有两张大油饼，还有两个流油的咸鸭蛋，这是仲威平在兰河小学吃得最丰盛的一顿"午饭"，也是令她至今难忘的"爱的午餐"。

　　如今的谢颖早已成家，可是每次看到仲威平，她仿佛还是那个十三岁的孩子，一边笑着一边喊"仲老师"。有时唠起这段"馒头的故事"，仲威平还会感叹一下油饼配咸鸭蛋的味道是多么的香，俩人相视一笑，笑着笑着眼里都有了泪花。

　　能够被学生惦记，是一个老师最幸福的事情。都说"半师半友半知己，半慕半尊半倾心"，她们之间，是师生，是朋友，大概亦是知己。

岁月深处嗅花香

　　因为一直在生源较少的乡村小学执教，仲威平虽然教龄很长，但实际教过的学生并不多。比如：1988年，也是她来到兰河小学的第一年，当时学校有二十三个学生。"在那届学生里我找到了一个非常优秀的小助手——孙德利。"每当有人问仲威平从教这些年对哪些学生印象深刻时，"孙德利"这个名字都会被提及。当时八岁的孙德利读二年级，他的妈妈是兰河小学第一批老师，因为从小跟着妈妈上下班，孙德利对兰河小学的情况比仲威平这位新老师还要清楚。"仲老师，我去取粉笔……""仲老师，我帮你发作业本……""仲老师，我知道哪里可以修自行车……"孙德利的帮助给仲威平减轻了不少负担，更难能可贵的是，孙德利还特别有集体意识。每当同学们一起做游戏时，他总会拉着内向的小伙伴，生怕他们掉队。

"孙德利，你来做班长好不好？"这天课间，仲威平征求孙德利的意见。"我？老师，我能行吗？""你当然能行，老师已经观察你一段时间了，咱们班你最适合当班长！""谢谢老师，我一定加倍努力！"孙德利的班长一当就是四年。小学毕业前夕，仲威平送给孙德利一个笔记本，上面写着："长风破浪会有时，直挂云帆济沧海。"

大学毕业后的孙德利工作于中国汽车工业的摇篮——中国第一汽车集团有限公司，并且凭借着个人的努力争取到了去德国进修的机会。每次回到兰河村，刚进家门不久，孙德利就着急出去。"你干啥去？刚回来又去哪儿？"家里人着急地问。"我去看看仲老师！"孙德利边回答边跑了出去。自己的得意门生如今有了锦绣前程，仲威平也发自内心地为他高兴。"我读书的时候，从老师身上学到了很多宝贵的品质，她让我懂得怎么去分享爱，现在我也要像老师一样帮助需要帮助的孩子，尽我所能回馈家乡，报效祖国！"即便在外风光无限，孙德利也时刻谨记仲威平的教诲，他常常利用自己所学，帮助村里人解决各种难题。谁家孩子要上学，谁家年轻人要打工……只要能帮上忙的，他都会创造条件带领更多的人走出家乡，走向更广阔的天地。

家访，对于教师来说，并不是一个陌生的词。在仲威平看来，家访是一种非常重要的教育方式。家访的过程，有利于老师深入学生家庭，了解学生、理解学生，从而为每个学生寻找更适合他们的学习路径，而且还能与家长面对面及时沟通孩子的情况。一所乡村小学，要想把所有家长召集起来开家长会是不切实际的，因此仲威平只要有时间，就一家一户登门拜访。

这天，她来到了学生颜繁旭的家。因为是周一，颜繁旭正在学校上课，所以家里只有繁旭妈妈一个人。"繁旭妈妈，你感觉繁旭最近情绪上、心理上有没有什么变化？"每次家访，仲威平都会第一时间关注学生的心理问题。"有变化，变化可大了，自从转到新学校，这孩子每天上学都特别开心，放学后写作业也可积极了，根本不用我催。"繁旭妈妈脸上洋溢着幸福的表情。"对了，仲老师，我差点儿忘了一件大事儿。"繁旭妈妈起身翻开柜子，拿出一个精致的笔盒。"繁旭听说你今天要来家访，特意叮嘱我要送给你。小女孩脸皮薄，不好意思亲自给你。""这是什么？"仲威平边问边打开笔盒，里面是一支黑色的钢笔，还有一封手写信。

含泪读完了这封信，仲威平拿起钢笔，郑重其事地把它放到繁旭妈妈的手里。"仲老师，这是孩子送您的礼物，您收着吧！其实我们做家长的更想谢谢您。"情到深处，繁旭妈妈也忍不住流下眼泪。"这都是我应该做的，您和孩子的心意我领了，但这支钢笔是孩子好不容易得到的奖品，还是留给她自己用吧。我希望她能用这支钢笔书写出自己最美好的未来！"

教育是一场爱与被爱的旅程，更是一个双向成长的过程。就如同等一朵花开，需要先种下一粒种子，施肥、浇水、除虫……花期一来，自有芳香扑鼻，行云暮色思过往。

○ 学生颜繁旭的手写信

儿子，对不起

　　多年来，以仲威平为代表的民办教师在基层尤其是在乡村学校为我国的教育事业做出了重大贡献。党中央、国务院十分重视和关心民办教师，1992年，国家教委等联合下发了《关于进一步改善和加强民办教师工作若干问题的意见》，明确提出了解决民办教师问题的"关、转、招、辞、退"五字方针。这对仲威平而言，是一次能够获得国家编制，成为公办教师的好机会。

　　当然，令仲威平惊喜的还不止这一件事。同年6月，有个小天使选择了仲威平当他的妈妈。

　　得知仲威平怀孕，全家人都开心得不得了。尤其是母亲，恨不得把所有应该注意的事项一口气叮嘱完。"妈，你就放心吧，我没那么娇气。""从明天开始，我骑自行车送你上班。"丈夫王田笑得眼睛眯成了一条缝。"我只是怀个孕，什么都不影响，不需要特殊照顾。""嗯，姑娘这话我爱听，你不娇气，你的娃肯定也随你！"父亲仲德清一边说一边从外屋走了进来，递给仲威平一个刚洗好的大苹果。

　　如父亲所说，孩子确实省心，整个孕期，仲威平没感到任何不适。不仅如此，自从知道这个小生命到来，仲威平的上班路都有了爱的陪伴。她会给肚子里的宝宝讲她在学校发生的故事，讲她看见的树是怎么一点点从翠绿变成枯黄，讲她新教的儿歌，还告诉他在冬天风雪路上要像妈妈一般坚强……

　　"仲老师，你怀孕了？"临近寒假，有的学生家长才知道这一喜讯。"恭喜呀，仲老师！这冬天……哎呀，想想都后怕，仲老师，你可不能拿孩子开玩笑。"仲威平点点头，脸上泛起了红晕，"本来不想说，但可能春季开学我就要休产假了，教育局会派新的代课老师过来，所以想着还是先和大家交代一下。""没问题，仲老师，这回您一定好好休息，把身子养好了！"

　　一个身体，两个心跳。1993年，春分刚过，儿子王海鹏以一声响亮的啼哭，唤醒了萌发的万物，也唤起了仲威平柔软的慈母之心。看着襁褓中的儿子，他的两只小手握着拳头，软乎乎地躺在自己怀里，初为人母的仲威平仿佛得到了世界上最珍贵的东西。

　　本来计划孩子满月就立刻回学校上班，但因为身体原因，仲威平还是按照规定休了六个月的产假。后来，她回忆起和儿子的相处时光，这一段产假竟然是历时最久的。

　　1993年9月，新学期伊始，仲老师又重新出现在了兰河小学的讲台上。因为路途遥远，想要趁着午休回来给孩子喂奶是不可能的了，仲威平在思索了好几个夜晚后，决定给儿子断母乳，改喂奶粉。"你要是决定了，我明天就去乡里买奶粉。"丈夫王田轻轻地安抚着仲威平，"别有心理压力，两位老人一定会把孩子照顾好的。"

　　一上班，仲威平就开启了"陀螺模式"，她每天回家的时间越来越晚，甚至有时候顾不上吃饭就得赶紧备课。有一天晚上，她正忙着批改作业，突然听见儿子奶声奶气地喊了一声"妈妈"。"妈，海鹏会叫妈妈了！"仲威平激动地喊着母亲。母亲却不慌不忙，拿着笤帚走进屋里，"都会叫好几天了，只不过你白天不在家没听见。"母亲的话令仲威平突然生出一种羞愧感，是啊，儿子是什么时候扶着东西就能站起来的？什么时候牵着大人的手蹒跚学步的？什么时候长出了乳牙？又是什么时候能够清晰地喊出爸爸、妈妈的？这些成长的瞬间她终究是错过了。

"妈，前几天不是说孩子发烧了吗？还用不用吃药？""等你想起来，孩子病都好了，我抱着他去医院看过了，医生说就是感冒。"因为有母亲、婆婆、丈夫这些有力的后盾，才能让仲威平在学校上课时心无旁骛，才能让她将时间和关爱分给需要她的学生们。想到这儿，仲威平百感交集，她有所亏欠的岂止是儿子，还有她的家人啊！

1998年，仲威平开启"一人一校"模式后，她变得愈发忙碌。儿子此时已经五岁了，正是需要家长陪伴的时候。可每天早上儿子还没醒，仲威平就已急匆匆地出门了。晚上，儿子已经睡了，她还在忙着批作业、备课。"妈妈是不是不喜欢我？她都不陪我玩。"有一天晚上，王田哄儿子睡觉，小海鹏委屈地问爸爸。"妈妈非常爱你，只是她工作比较忙。"王田轻声回答。

第二天一早，听见妈妈推自行车的声音，小海鹏一下子就从炕上爬了下来，一屁股坐在了门槛上，边哭边说："妈妈，你不能去上班！""为什么？""你要是去上班就是不要我了，不要孩子的妈妈不是好妈妈。"儿子的一句话令仲威平心里猛地一惊。"别哭了，快放开妈妈，姥姥给你拿好吃的。"母亲抱起小海鹏，哄着他往屋里走。听着儿子撕心裂肺的哭声，仲威平骑上自行车，佯装坚强。可没走多远，她的眼泪也控制不住了，"因为有更多需要妈妈的哥哥、姐姐，所以妈妈必须得去上班"，仲威平在心里默默说着，"对不起，儿子。"

母亲去世的那一年，正好赶上王海鹏小升初，十三岁的他正处于青春期，从小照顾自己的姥姥突然离世，这对他来说也是一种打击。再加上长时间与母亲仲威平内心有"隔阂"，所以他的情绪变得很不稳定，这也直接影响了他的学习成绩。"成绩不好没关系，但你得端正学习态度。"吃早饭的时候，仲威平想起昨天晚上儿子的成绩单，忍不住唠叨了几句。"态度？你还要我什么态度？你说帮我补课，结果呢？你一忙就忙到半夜，你管过我吗？"王海鹏放下碗筷，拿起书包往外走。看着儿子倔强的背影，仲威平哽咽地说了句"对不起"。

调入工农乡中心学校后，仲威平一方面因为学生们有了更好的学习环境而高兴，另一方面也为自己终于有时间能陪儿子而开心。可此时，王海鹏已经上高中了，许多课程的深度超出了仲威平的能力范围。她能做的，就是每天变着花样给儿子做好吃的，不停地给儿子补充营养。

"爸，妈，我不想上学了。"这天晚上吃饭时，王海鹏突然说出了这样一句话。"不想上学，你想干什么？家里蹲吗？"丈夫王田气得摔了筷子。"从小，你和妈妈管过我吗？你们两个天天就知道忙工作，现在我成绩不好跟不上，你们又来说我，你们考虑过我的感受吗？"说罢，王海鹏转身回了房间。

夜晚，仲威平给儿子煮了一碗热汤面，送进了房间。儿子负气背对着她，仲威平坐在床边，轻声轻语地问儿子："如果不上学的话，你想过干什么吗？""干什么都比现在强，我现在每天根本听不懂老师在讲什么，就是在浪费时间。"十七岁的儿子抽泣着，仿佛受了很大的委屈。"没事，不想上学就不上，你说得对，我和你爸对你关心确实不够，尤其是我，是妈妈对不起你！""妈……"王海鹏转头，抱住了仲威平。

2024年，王海鹏已经三十一岁了，他虽然没有读完高中，但是选择了自己喜欢的计算机专业读完了中专，又在工作之余读了大专和本科。如今儿子回家的次数越来越少，仲威平想他的时候就会在儿子的房间坐一会儿，看看他画的画，还有摆放整齐的几盘磁带。其实，仲威平知道，虽然儿子学习成绩一般，但他喜欢唱歌和画画。如果在他小的时候，她能够抽出时间多多引导，或者给孩子报几个课外班，甚至买一件乐器、一个画板，说不定孩子现在就是一名画家或者音乐家，可是现在……"妈，你能不能别总想过去的事了。"每次提到这儿，都是儿子反过来安慰仲威平。"我确实喜欢画画和唱歌，虽然没能成为什么大家，但丝毫不影响我把它们当作爱好，我现在这不有时间也画画吗？"

曾经有人问过仲威平一个问题："'1个儿子和118个学生'，如果非要选择，你选择哪一头？"仲威平不知道该怎么回答，手心手背都是肉。在她看来，118个学生虽然和自己没有血缘关系，但同样是自己的孩子，哪个母亲舍得放弃自己的孩子呢？

2019年的母亲节前夕，仲威平收到了一份她至今珍藏的"礼物"——一封来自儿子的亲笔信，信中满是他对妈妈的理解与敬佩。

亲爱的妈妈：

您好！正值母亲节来临之际，千言万语汇成一句：妈妈，您辛苦了！

您是一名乡村教师，在我的记忆中，您虽然非常疼爱我，但没有时间陪伴我，为了您的工作和那些需要您去呵护、照顾的学生，您把我送到奶奶家、姥姥家。当时我还小，不理解您，每次见到您时，哭着拽着不让您走，说："哪有妈妈离开孩子的，那都不是好妈妈，不是好大人。"我看着您泪水不止一次流下来，可您还是骑上自行车风里雨里去给学生上课。生病的时候，我多么希望您能抱抱我呀！

　　在我的成长过程中，我没有得到像别的孩子妈妈那样的陪伴，也许是咱们母子终身的遗憾吧！长大后，我渐渐理解了妈妈，您当时应该也是作出了艰难的选择吧，舍小家、顾大家。您说过，您是一名人民教师，换了谁都会这样去做。

　　妈妈，我爱您！我不怪您，您心里不是没有我，只是因为有太多太多的孩子在您的心里，您只是做了自己应该做的事。送走一批批的学生，您的头发白了，背也驼了，脸上布满了皱纹，看着咱家院子里堆放的那些您曾经骑过的破旧自行车，您走过了多少路啊！您用一生去爱护学生，您常说看到学生们成才，什么都值得了。

　　妈妈，我已经长大了，您是我心中最好的榜样，您让我知道在今后的人生道路上怎样去做人，怎样成为对社会有用的人，怎样去帮助那些需要帮助的人。我为有您这样的妈妈而感到骄傲和自豪！

　　祝您，

　　节日快乐！请您多保重身体！永远年轻！

您的儿子：王海鹏

2019年5月12日

最好的亲子关系，不仅有"我爱你"，还有"对不起"。

⊙ 2013年，仲威平与儿子在北京鸟巢的合影

梦中的那片海

> 刚参加工作时的那份喜悦和激动，是后来的日子里再难找到的，那是一种无法形容的美好，这种美好纯净得像那条缓缓流过的呼兰河水，令人永远不忍心亵渎。
>
> ——仲威平

"站在一望无际的海滩上，看金黄色的日落，晚风轻轻吹拂脸庞……"这个场景在仲威平的梦中出现过许多次。她喜欢大海，喜欢它的辽阔，喜欢它纯粹的蔚蓝，也喜欢它的宁静与澎湃。但可惜，工农乡位于内陆，没有海，只有呼兰河。呼兰河是松花江的支流，位于黑龙江省中部，源出小兴安岭。呼兰河在铁力市境流长有八十千米，河水清澈，其景色令人流连忘返。

仲威平只要有时间，就会去呼兰河畔走走，有时候会想想儿子，想想父亲、母亲，还有她的学生们。大多数时间，她就在那静静地坐着，大脑放空，让流动的呼兰河水带走她所有的思绪。

仲威平喜欢写日记，随手记录她和学生们的生活，还有自己的一些人生感悟。

2004年6月1日　星期二　天气晴

今天是儿童节，我带着孩子们来到了呼兰河边，度过了一个快乐的节日。大家在河边释放天性，我也仿佛回到了童年。我说我喜欢大海，孩子们说他们也喜欢，我希望他们有一天都能够看到大海。

2005年11月3日　星期四　天气阴

天气总是忽冷忽热的，今天还是很冷，又快要下雪了吧。我骑了十八年的自行车，今年还要继续下去。再上课的时候，我要提醒孩子们多增加衣物了，以防感冒。另外，庞运发没有书包了，我明天从家里多找出几个书包，给学生们发下去，就当是对孩子们的一点儿关爱吧。给学生付出爱，是一件很美的事，它让我感到自己是在幸福之中——这就是人生。我要坚定地走出每一步，让每一步都有可寻的价值。

2005年12月1日　星期四　天气晴

今天虽然是晴天，但气温很低。在身体没有完全恢复好的同时，我还要吃力地骑上自行车，向学校走去。我的身体现在还很虚弱，看着这段十多千米的路，我竟然骑了一个半小时才到达学校，不过，我尽了自己最大的努力……跟孩子们分开十多天了，我要让每个班的教学进度都跟上，这就是我的责任。

2017年10月6日　星期五　天气晴

跟随劳模度假队伍的第六天，我们去了陕西和南京。每去一个地方，我总想着给孩子们买点纪念品。希望这些小物件能够激励他们好好学习，奔向属于他们的"远方"。对了，我要是这次看见了大海，该给孩子们带点什么呢？海水吗？

"大海"和"孩子"是仲威平日记中最常出现的两个词语，这些年因为惦记孩子们，仲威平很少出门，哪怕寒暑假她都在没日没夜地备课。直到2018年5月，仲威平终于实现了自己的愿望——看大海。

出发前，她想了一百个关于大海的形容词，但当她真正看到大海的那一刻，所有的词语都难以描绘她内心的激动。赤脚走在松软的北戴河海岸，聆听海浪拍打着岩石的声音，那一刻曹操的诗歌《观沧海》在她脑海中得以具象："东临碣石，以观沧海。水何澹澹，山岛竦峙……"

那天夜里，仲威平在日记中写道："面对着大海，我不知道为什么又想起了家乡的呼兰河，虽然它没有大海的苍茫，但它有着属于河流的温柔。我又想起了兰河小学的孩子们，他们有的已经长大成人，有的还在努力读书，每个人都在寻找属于自己的'大海'。"

潮起潮落，人来人往。回程的路上，仲威平买了许多贝壳，她希望家乡的孩子们能通过小小的贝壳去听听大海的声音。同行的人说她童心未泯，仲威平笑了笑，内心想的是：如果可以，当她退休后，她希望能够多来海边走一走，或者能来海边定居，尽情享受大海的浩渺。说不定会有路人问："你为什么想来海边居住呢？"她就给路过的人讲一讲她的家乡小兴安岭，讲一讲工农乡，讲一讲兰河小学，讲一讲她的孩子们……

⊙ 上图　仲威平的日记本
⊙ 下图　下雨天仲威平护送孩子们放学回家（2007年）

第七章　荣耀的时刻

扫码解锁

◉群英颂歌◉乡村育梦
◉师道传递◉奋斗底色

圆梦人民大会堂

1974年，刚上小学的仲威平问了老师这样一个问题："老师，人民大会堂是干什么用的？""人民大会堂啊……"老师翻动着手里的课本，"人民大会堂是中国全国人民代表大会开会的地方，是全国人民代表大会和全国人大常务委员会的办公场所，是党、国家和各人民团体举行政治活动的重要场所，也是中国国家领导人和人民群众举行政治、外交、文化活动的场所。""人民大会堂长什么样？""这个……老师也没见过。"

有一次仲威平站在兰河小学的讲台上，"老师，人民大会堂长什么样？"时隔多年，有学生问出了同样的问题。"人民大会堂……"仲威平想了想，"初中有一篇课文叫作《雄伟的人民大会堂》，老师明天把这本语文书带来，咱们一起分享。"

第二天，仲威平在课堂上为学生们读起了这篇课文：

庄严的人民大会堂，是首都最宏伟的建筑之一，建筑面积达171800平方米，体积有1596900立方米。一条黄绿相间的琉璃屋檐，把巍峨的大会堂的轮廓从蔚蓝的天空中勾画出来。那壮丽的柱廊，淡雅的色调，以及四周层次繁多的建筑立面，组成了一幅庄严绚丽的图画。

20世纪90年代，学校上课还未采用演示文稿进行教学的方式，仲威平只能指着书中人民大会堂的插图，一一展示给孩子们看。

屋顶是穹隆形的，天花板上纵横密排着近500个灯孔。灯光齐明的时候，就像满天星斗。顶部的中心挂着红宝石般的五星灯，灯的周围是70条瑰丽的光芒线和40瓣镏金的向日葵花瓣，象征着全国各族人民万众一心，紧密团结在中国共产党的周围。在它的外围，有三环层次分明的水波形暗灯槽，同周围装贴的淡青色塑料板相映，形成"水天一色"的奇观。

仲威平继续读着，却看见孩子们的小手络绎不绝地举了起来。"老师，五星灯有多亮？""老师，水天一色是什么意思？"……仲威平看了看手里的语文书，这一段落的描述，课本里没有图片，只能靠想象。

"因为老师也没去过人民大会堂，所以不能准确描绘它的样子。""老师您什么时候去一趟，然后回来给我们讲讲呗。"听着孩子童真的话语，仲威平哑然失笑，自己只是一个普通的乡村教师，别说人民大会堂了，北京她都没去过。"老师希望有一天，你们能去人民大会堂，然后回来给老师讲讲它真实的样子。"

2011年，仲威平获得"全国五一巾帼标兵"荣誉称号，同时被中华全国总工会授予全国五一巾帼奖和全国五一劳动奖章。当黑龙江省总工会相关领导将这个喜讯告知仲威平时，还特意提到她将代表黑龙江省，到北京参加表彰大会。"我代表咱们省去北京？"仲威平不敢相信自己的耳朵。"对，你没听错，而且这次是国家级领导接见，你还将在人民大会堂做事迹报告！""人民大会堂？领导，您是说我能去人民大会堂？""祝贺你呀，仲老师，你是咱们黑龙江省教育界的骄傲！"

挂断电话，仲威平的心情久久不能平静。自己能同时获得三项荣誉，已是意料之外，没想到还要在庄严的人民大会堂发言。"你说我要是说不好怎么办？"凌晨三点，仲威平依旧没有睡意，她推了推身边的丈夫。"你咋还不睡？"王田睡眼惺忪，"你平常咋讲课，就咋说呗。""那不一样，那可是人民大会堂。再说了，我这次不是代表个人，是代表咱们省！"仲威平越说越忐忑，索性坐了起来。"你这大半夜的，寻思这个干啥？这些年你为学生们做了多少事，吃了多少苦，还愁没话说呀！"王田边说边给仲威平披上一件衣服。"不行，这要是说不好，那可是丢黑龙江人的脸，明天我就去找学校领导，让他们换人。"

"我劝你三思而后行啊……"第二天一早，看着仲威平发黑的眼圈，王田又劝说了她一通。"我就是担心……"仲威平话没说完，电话铃响了。"仲老师，你今天抽空来我办公室一趟。""校长，正好我也有事找您。"挂断了电话，仲威平骑着自行车往学校奔去。

"怎么了，仲老师，我看你心事重重的样子。"校长给仲威平倒了一杯水，递到她手边。"谢谢校长，我还不是因为要发言愁的。""你愁什么？你的这些感人事迹，别说咱们学校了，放在全省都是数一数二的。你就放宽心，整理素材、写发言稿这些方面，学校，还有教育局、省总工会都会辅助你。毕竟就像你说的，这次你是代表咱们省，一定得好好准备。""真的吗？太好了，有领导们给我把关，就相当于给我吃了定心丸。"仲威平紧绷的神经在这一刻放松了下来，"我回去先写，到时候领导们再给指导指导。"

2011年2月26日，仲威平带着一份反复修改、反复斟酌、反复演练过的演讲稿，与带队的省领导一起坐上了开往北京的火车。一路上，她无心看风景，一遍又一遍地默念着稿件。此时的仲威平仿佛是一个进京赶考的考生，而2月28日就是她"考试"的日子。

表彰大会当天上午，仲威平身着一套黑色西装，披着"全国五一巾帼奖"的红色绶带，迈着庄重的步伐，跟随大家走入了人民大会堂。"原来礼堂里有这么多座位……原来五星灯长这样，原来'水天一色'是如此的光芒万丈……"仲威平努力克制着自己想要四处看看的心情，深知自己此行的目的，她不仅仅为了接受荣誉，她还要通过自己的事迹报告让更多的人关注乡村学校，关注偏远地区的孩子。

尊敬的各位领导、同志们：

大家好！

我叫仲威平，是黑龙江省铁力市工农乡中心学校原兰河教学点的一名普通教师。今天能在人民大会堂汇报工作，我感到万分荣幸。我汇报的题目是《为了乡村的孩子，一人一校也心甘》。

教育，是太阳底下最神圣的事业。它平凡，却可以使学生变得伟大；它清贫，却可以使学生变得富有；它无权，却可以使学生变得高尚……为了这魂绕梦牵的事业，我在偏远山村教学点，默默地坚守了24个春秋。24年风风雨雨，我记不清遇到过多少坎坷，更数不清克服了多少困难，但为了乡村的孩子能实现求学梦想，我无怨无悔。

…………

林区的春天是很冷的。冰雪消融的时候，常常是白天开化，晚上结冰。早晨路面光得像一面镜子，汽车走在上面都打滑，骑自行车被摔出几米远是家常便饭。20多年来，我有十几次连人带车一起滚到过路基下，车链子摔坏了，脸被摔破了，但我仍然坚持到校上课。为了不因为自行车坏而耽误上课，我背包里一年四季都少不了螺丝刀、气门芯之类的物品。林区的夏天也不都是艳阳天，常常会遇上风雨。每当狂风暴雨袭来的时候，雨衣于我而言根本无济于事。骑车到学校后，我浑身上下都湿透了，每次都被冻得浑身发抖。

由于学校一直没有饮用水，我每天都得从家里用瓶子带水。夏天还好，冬天一路走来，水冻成了冰，到了教室又化成了水。我常年午饭就是三口干粮两口水，为此得了很重的胃病和风湿病……24年的时光，我把最美好的青春献给了学生，献给了教育事业。

有朋友帮我做了一道算术题：按我每天上下班骑车走40里路，一年走180天计算，我一年走过的路是7200里，24年下来是8万多千米，可以绕地球赤道一圈半还多。这24年，我骑坏了6辆自行车；回首24年教学生涯，我没有愧对教师这个职业。

…………

令人欣慰的是，我的付出得到了组织的认可，我先后获得铁力市优秀教师、伊春市十佳德育教师、伊春市关爱标兵、伊春市劳动模范、"感动伊春"年度人物、黑龙江省优秀班主任、黑龙江省十佳乡村教师、黑龙江省五一巾帼奖、黑龙江省五一劳动奖章、全国优秀教师、全国五一劳动奖章等荣誉。我深知，这些荣誉是组织和领导的关怀以及家人和同志们支持的结果，我也知道还有许许多多比我更优秀的"园丁"，我只是代表他们来接受这份荣誉。今后，在教育这片天地中，我将更加执着，更加进取，愿做一根红烛，燃烧自己，照亮他人。

…………

以上这些文字，是当天仲威平所做事迹报告的节选内容。全篇报告约1800字，仲威平汇报期间获得了6次掌声，许多人听着听着就被仲威平坚持送学的故事感动，情不自禁地流下了眼泪。"在最偏远的地方，能做出这样的事，是整个黑龙江省的荣誉，是全体乡村教师的荣誉！"在祖国的首都北京、在梦想中的人民大会堂，仲威平听到了领导和同志对自己的高度赞扬，她的心中除了感谢，更多的是坚定，坚定做一名老师的初心，坚定守护祖国花朵的使命。

"仲老师，采访你一下，这次载誉归来，心情怎么样？"王田从火车站接仲威平回家的路上，忍不住询问。"心情很激动，但无论我得多少军功章，都有你的一半！"仲威平拍拍王田的后背，这些年，多亏了丈夫的支持，才能让她把大部分精力投入她所钟爱的教育事业。

那天晚上，仲威平做了一个梦，梦到8岁的自己又问了一遍同样的问题："人民大会堂长什么样？"

"人民大会堂啊，它就是你37年后，梦想成真的样子！"仲威平默默回答。

⊙ 2011年2月28日，仲威平在北京人民大会堂做事迹报告时留影

⊙ 上图　2011年，仲威平获得"全国五一劳动奖章"的荣誉证书
⊙ 下图　2011年，仲威平获得"全国五一巾帼标兵"的荣誉证书

最美教师节

2012年，中央电视台和光明日报社共同推出"寻找最美乡村教师"大型公益活动。该活动以农村中小学教师为特定对象，通过深入寻找、发掘、宣传有代表性的、高素质的乡村教师，讲述感人的乡村教师生活，展示我国农村教育事业的发展现状及基层教育工作者无私奉献、甘为人梯的风采，进而在全社会弘扬尊师重教的良好风尚。2013年，仲威平作为黑龙江省唯一入选者，获得"最美乡村教师"荣誉称号，并受邀参加颁奖晚会。9月10日这一天，她与来自全国各地的教师代表欢聚一堂，度过了一个令人难忘的教师节。

　　一年又一年不间断地寻找，是为了找到在我们这个时代里正在生长的中国好故事。一次又一次真情地互动，为的是凝心聚力，共同践行最美的中国梦。今天我们也在这里，把最深的敬意献给一个和我们每一个人都紧密相连的群体，那就是一共拥有1442.09万人的中国教师团队。在这里请允许我们每一个人，在他们的节日到来的时候，一起说上一句：老师们，节日快乐！在今天这个舞台上，我们还要特别地聚焦这个群体当中的一部分人，有263万人，与中国4600万农村儿童紧密相连，他们就是中国的乡村教师……

颁奖晚会上，主持人白岩松和石琼璘用一段充满深情的话语开场，而此时的仲威平作为第一个出场的获奖者，正紧张地在后台等待。

"我从来不挑学生，每个孩子我都不会放弃。因为每个孩子都有受教育的权利，所以说，我有责任把他们教好。"大屏幕上开始播放仲威平和兰河小学孩子们的故事。

在那个充满回忆的小教室里，学生们穿着厚厚的棉衣，正跟着仲威平全神贯注地朗读课文。孩子们呼出的哈气在寒冷的冬日转瞬即逝，但他们的学习热情丝毫不减。这是兰河小学一堂普通的语文课，为了这一堂课，仲威平需要顶风冒雪走一个多小时到达学校，常年湿冷的环境让她的身体多次被病痛折磨。"中午……她自己在教室吃凉馒头和凉包子，让我们回家吃热饭，我心里……不得劲儿……"学生狄方琪哭着说。"老师，其实我挺怪您的。我就在医院的一楼工作，而您手术后在四楼住院，却没告诉我……其实我们就像您的孩子一样，也心疼您啊……"工作于铁力市医院的学生颜婷婷面对镜头哽咽地说出了自己的心里话。那是2012年，正在上课的仲威平突然晕倒在了教室。被送到医院的时候，医生告诉她子宫里已经长满了肌瘤，需要立即手术，此刻的仲威平却还惦记着回学校继续上课。

大屏幕上继续播放着学生们真诚的话语，而台下的观众早已泪湿衣襟。从二十二岁到四十七岁，仲威平把最好的年华都留在了乡村小学，如今她精心培育着的花朵正绽放在祖国的各个角落。

夏知荣，毕业于黑龙江大学，现在是一名法官……

范国良，任兰河村村委会主任……

颜婷婷，铁力市医院医生……

孙利东，毕业于哈尔滨师范大学……

刘静静，毕业于大连外国语学院，教师……

听着一个个熟悉的名字，仲威平原本紧张的心慢慢平静下来。是啊，无论此时自己站在哪里，她永远都是拿着粉笔，站在讲台上，认真给学生们上课的仲老师。视频播放完毕，屏幕被缓缓拉开，身着粉色T恤的仲威平走到台前，观众席掌声雷动。"仲老师，您理解的成功是什么？"白岩松问了仲威平一个问题。"无论他考上大学，还是没有考上大学，他都有一技之长，学会怎样去做人，我作为一名老师，就知足了。"仲威平回答。这句话听上去朴素，却饱含了一位老师对学生最真切的关怀。

节目组特意瞒着仲威平，将庞运发也接到了北京。当看着自己付出心血最多的孩子捧着奖杯，兴高采烈地走上来，热情地向自己张开双臂，仲威平努力克制的泪水在这一刻决堤了。她想起了自己第一次见小运发的场景，想起了在这"十年小学"里他们共同经历的点点滴滴……

"春蚕到死丝方尽，蜡炬成灰泪始干。"教师节的美好从来不在于某个日子、某种形式，而是因为有了真心的付出、暖心的回报，这个节日才拥有了最美的名字。在回程的车上，仲威平看着身旁熟睡的庞运发，翻开了手机里珍藏的短信。

"老师你在干什么？我想你了。"

时间显示2013年6月12日，发件人正是庞运发。

⊙ 上图　2013年，仲威平获得"最美乡村教师"的奖杯
⊙ 下图　仲威平家访学生庞运发时留影

是金子总会发光

"仲老师，你入选了！"电话那头校长激动地通知仲威平。"入选什么了？"正在批改作业的仲威平一脸茫然。"'全国教书育人楷模'，全国只有10位！"

"全国教书育人楷模"评选活动由教育部联合中央主要媒体和教育媒体举办，仲威平获评的这一年共收到31个省（区、市）和新疆生产建设兵团推荐的候选人64名，涵盖基础教育、职业教育、高等教育、特殊教育、学前教育等各领域。推选委员会在结合公众投票情况、充分讨论酝酿的基础上，以师德表现、教书育人工作实绩为衡量标准，进行了无记名投票，最终产生了10位"全国教书育人楷模"。

蝉鸣一夏，在这之前需要蛰伏好几个四季。仲威平多年来对教育事业的热爱与坚守，也得到了一系列的认可。但她深知，这并不是自己努力的终点，而是继续前行的动力。

2014年9月9日，仲威平第二次走进人民大会堂，与第一次不同的是，她没想到自己竟然能够受到习近平总书记的接见。回忆起当时的场景，兴奋与激动历历在目。那天早上，她和其余9位教书育人楷模都在心里猜测："今天是哪位领导接见我们呢？"门一开，习近平总书记和时任总理李克强同志微笑着向他们走来。"什么？"仲威平不敢相信自己的眼睛，"竟然是总书记和总理！"

"总书记走到我面前的时候，我紧张得啊，手心都是汗。总书记可能看出来了，微笑着向我点头，还亲切地和我握了手。"听说仲威平见到了总书记和总理，学校的老师们都羡慕得不得了。"你啥都没说吗？""说了，我就说了一句'总书记好'，然后就大脑一片空白了。""总书记握了你哪只手，快让我也感受一下。"大家围上来，拉着仲威平的手握个不停。

事后仲威平通过电脑认真地观看了总书记在北京师范大学和师生们开座谈会的视频。当听到总书记提到"好老师的标准"时，仲威平拿起笔认真地做起了笔记……

对照总书记所提出的"四有"标准，仲威平继续写下了自己今后努力的方向：

> 首先，在教育学生的过程中，除了关注学生的学习成绩，还要注意让孩子们养成正确的世界观、人生观、价值观，引导他们在心灵深处树立一种理想信念。其次，教师是塑造人类灵魂的工程师，教师的品德必须纯净、清澈、高尚。就如同一支红烛，从顶燃到底，一直都是光明的，只有这样，才能真正做到为人师表，让学生信服。再次，学无止境，学习是一个人终身的事业，教师只有不断扩展自己的学识与眼界，才能将有厚度与广度的知识传授给孩子们。最后，要把学生当成自己的孩子，一视同仁，让每个孩子都懂得感恩、学会宽容、学会信德善……

浇花浇根，育人育心。只要拥有一颗金子般坚定、纯粹的心，就能与人生美丽的风景相遇。

人生最美是初心

2015年4月28日，庆祝"五一"国际劳动节暨表彰全国劳动模范和先进工作者大会在北京人民大会堂隆重举行，来自全国各地的近三千名全国劳动模范和先进工作者在这里接受表彰，仲威平也是其中之一。

"我坐在台下特别激动，尤其是听着习近平总书记铿锵有力的讲话，感觉自己浑身充满了力量。"回忆起被评为全国劳动模范的那一天，仲威平至今记忆犹新。

习近平总书记在大会上指出：

> 三百六十行，行行出状元。任何一名劳动者，要想在百舸争流、千帆竞发的洪流中勇立潮头，在不进则退、不强则弱的竞争中赢得优势，在报效祖国、服务人民的人生中有所作为，就要孜孜不倦学习、勤勉奋发干事。一切劳动者，只要肯学肯干肯钻研，练就一身真本领，掌握一手好技术，就能立足岗位成长成才，就都能在劳动中发现广阔的天地，在劳动中体现价值、展现风采、感受快乐。

"这段话我印象最深刻！"走出人民大会堂，仲威平掏出手机与王田分享喜悦，"当时我就在想，自己作为一名普通的乡村教师，能够被评为全国劳动模范，就说明我需要继续努力，继续在我热爱的教育事业上发光发热，起模范带头作用。"

从北京回来的第二天，仲威平顾不上休息，骑着那辆破旧的自行车前往工农乡中心学校开始了新一天的工作。"仲老师，您终于回来了！"几天没见仲威平，孩子们想她想得不得了，搂着她的脖子、拉着她的手，一个劲儿地说："我们想你了，老师。""你要是再不回来，这些孩子们都要去北京找你了。"看着仲威平和孩子们抱在一起，同事开玩笑道。

在仲威平的办公桌上，贴着这样一句话："欲多则心散，心散则志衰，志衰则思不达。"在纷乱的世界里，有人因为荣誉而沾沾自喜，有人因为荣誉而自命清高，有人因为荣誉而迷失方向……而仲威平始终坚守着自己的初心，这份教书育人的幸福感，与金钱无关，与地位无关，只与对工作的热爱有关，与教师的职责有关，与师生之间的情感有关……

2017年，仲威平当选为党的十九大代表，与全国2000多名代表一起参加了中国共产党第十九次全国代表大会。这是仲威平第四次走进人民大会堂，如果说第一次是圆梦，第二次是感激，第三次是惊喜，这一次就是责任。

"我是从共产党员中选出的代表，我要履行好自己的职责，写一份有价值的议案。"村里秋天的夜晚微凉，仲威平坐在院子里，听着风吹动树叶的簌簌声，内心的主人翁意识正蓬勃生长。

"党的十九大报告提出，推动城乡义务教育一体化发展，高度重视农村义务教育。听后我很受鼓舞。随着国家对农村教育的不断扶持，农村学校的硬件设施越来越好。但农村教育质量低下的主要原因是教师队伍老化、整体素质偏低，这是农村中小学的共性问

⊙ 2015年，仲威平获得"全国先进工作者"的荣誉证书

⊙ 2017年，仲威平在北京参加中国共产党第十九次全国代表大会时在人民大会堂前的留影

题。希望能在师资配备方面向农村倾斜，将特岗教师计划辐射到农村，提高农村教师待遇，促进农村教育可持续发展。"2017年10月20日，在黑龙江代表团讨论日的当天，仲威平说出了自己所提议案的主要内容。这段发言不是"空穴来风"，是她扎根乡村教育多年的心路历程，亦可以说是她作为广大乡村教师的代表最真诚的期望。从一间房、一个小火炉、一块黑板、"一人一校"，到集中供暖的教室、科学实验室、图书室，仲威平经历了艰苦的岁月，也看到了农村学校办学条件改善的过程。当教室越来越明亮时，当教学设备越来越先进时，当孩子们想要看世界的目光越来越炙热时，若师资力量跟不上，孩子们的全面发展就会面临延宕。

在十九大报告中，习近平总书记指出："建设教育强国是中华民族伟大复兴的基础工程，必须把教育事业放在优先位置，深化教育改革，加快教育现代化，办好人民满意的教育。"如今，越来越多的年轻教师走入乡村、山区，像仲威平一样在教师岗位上培育着祖国的花朵；越来越多的支教大学生用脚步丈量着教育资源缺乏的地方，用他们的青春、热情照亮孩子们读书的路……

回首仲威平的从教之路，从"代课教师"到"民办教师"，从"公办教师"到"特级教师"，身份的不断转变代表着国家对乡村教师的日益重视。尤其在党的十八大之后，政府投入了大量资金改善办学条件，乡村学校的师生们也拥有了越来越好的教育资源。"我会继续扎根乡村，为农村的教育事业做出更多贡献。"无论在什么场合，仲威平总是在坚定地表达着自己的初心。

什么是初心呢？初心不必华丽，只需历久弥坚。它意味着我们在未知与变数中坚守自己的信念，意味着不被世俗所羁绊、不被名利所诱惑、不被虚无缥缈的东西所牵制，无论走得多远都不会忘记当初为什么出发。

爱的奉献

这是心的呼唤
这是爱的奉献
这是人间的春风
这是生命的源泉①

兰河小学正式并入工农乡中心学校后，仲威平结束了"一人一校"的光辉使命。但教学条件的改善并没有让她就此松懈，2013年5月，由工农乡党委牵头、学校组织管理，以仲威平名字命名的"仲威平爱心工作站"就此成立。该工作站本着促进全乡儿童和谐健康成长的宗旨，动员和组织全社会人士，凝聚爱心力量，关爱农村留守儿童群体，关心智障儿童健康，关注农村单亲儿童情感需求，关怀农村贫困儿童生活环境。

走进"仲威平爱心工作站"，首先映入眼帘的是墙面上的爱心树，树上的每一颗果实都有一张照片。那是工作站的老师们带领学生开展活动时留下的美好定格，每一个孩子灿烂的脸上都洋溢着幸福与满足。

---

①引自歌曲《爱的奉献》（黄奇石作词）。

"沧桑和凯歌同行，风雨与硕果同在。"这是爱心工作站墙上展示的一句话，四周挂着的一块块荣誉奖牌和张贴的一张张照片，展示着工作站几年来的收获与成长，更记录着仲威平的助学轨迹。

"凡出言，信为先；诈与妄，奚可焉。"这是《弟子规》里关于"信"的训诫，仲威平把这句话打印出来，制作成宣传语牌，挂在了工作站走廊墙上最醒目的地方。"一方面是为了时刻警醒自己，另一方面也是教育孩子们要做个诚实守信的人。"每次面对前来参观的社会人士，仲威平都会耐心讲解工作站各个空间设计的用意，"'鸟欲高飞先振翅，人求上进先读书'，这是国画大师李苦禅的一句名言，我把这句话搭配上优美的图案，贴在工作站图书室的墙壁上，以此勉励孩子们珍惜社会各界所捐赠的书籍，让他们利用好这些学习资源，开阔眼界、拓宽知识面、了解世界，让他们将来能够像鸟儿一样翱翔于广阔的蓝天。"

"这面锦旗呢？"有人问，仲威平看了看锦旗上的"献大爱千里送教，永感恩努力崛起"十四字赠言，将一段故事娓娓道来。

"那是2015年6月1日那天，学生吕家源全家送给我的。说起我和吕家源妈妈的相识，那还真是缘分。吕家源的家庭是铁力市'五好家庭'，2014年5月，妈妈韩秀被评为铁力市孝老爱亲道德模范，同年12月，她又和我同时获得'感动伊春年度人物'。听说了我的事迹后，韩秀很激动，握着我的手说起了吕家源的情况。原来吕家源自小有智力障碍，其间辗转了好几个学校，都因各种原因被劝退，这让韩秀十分苦恼。在和我深入交流后，韩秀第二天就把孩子送到了工农乡中心学校，现在吕家源十四岁了，正在读五年级。"

很多人都问过仲威平为什么要成立爱心工作站？作为一名教师，上好课已经尽到了她的本分，何苦还要如此操劳？仲威平解释

⊙ 上图　2015年，仲威平带领孩子们在图书室学习
⊙ 下图　2015年，仲威平在爱心工作室带领孩子们学习

道："这几年，我拥有了很多出去学习的机会，这些学习不仅开阔了我的眼界，增长了我的见识，还让我对教育有了新的想法。当然，也是有一段故事触动了我。"

仲威平刚转到工农乡中心学校那年，认识了张丽娟和张丽静这对双胞胎姐妹。姐妹俩不仅学习成绩好，还特别乖巧听话。2013年，张丽娟和张丽静的父亲不幸患上肠癌，高昂的医疗费让本就贫困的家庭雪上加霜，全家倾其所有终究没能打败病魔。父亲离世，留下三个年幼的儿女，还有不少的外债。仲威平听说姐妹俩家中发生的变故后，第一时间前去慰问。"老师，我们俩不能再上学了，我们俩要出去打工。"姐姐张丽娟揉着红肿的双眼说，"我妈高度近视，连庄稼都看不清，没有哪个地方愿意让她去上班。我弟弟还小，就让他上学吧。"仲威平看着这间破得不能再破的草房，听着姐妹俩懂事的话语，眼泪掉了下来。"好孩子，别担心，老师会帮助你们的。"从两姐妹家出来，仲威平就立刻回到学校，四处打听招工的信息，并联络社会各界爱心人士，希望大家能够一起帮扶这个在风雨中飘摇的家庭。

功夫不负有心人，终于有一家饭馆在得知姐妹俩的遭遇后，愿意让张丽娟和张丽静的母亲去打工。许多社会爱心人士也纷纷伸出援手，表示愿意资助张家三姐弟继续在工农乡中心学校上学。

"寒门学子求学之路太难了，可能有的城里孩子不明白，上学有什么难的？可是在农村，尤其是贫苦家庭，供一个孩子上学都恨不得砸锅卖铁。在一些报告会上，我总会讲述这些孩子们的故事，一方面是希望能够为他们争取到更多的关注，另一方面也是希望所有的孩子都要珍惜宝贵的学习机会。"仲威平言辞恳切，入情入理。

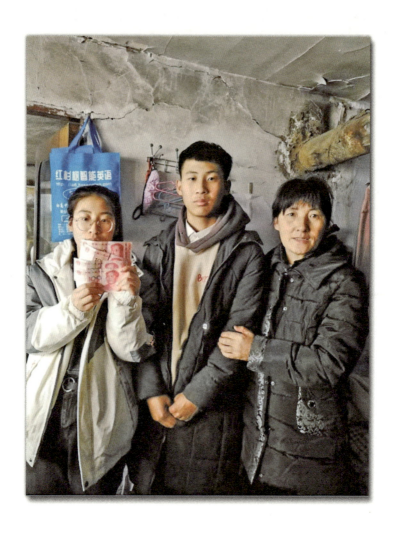

⊙ 2020年，仲威平（右一）为贫困生张丽娟（左一）姐弟送来了捐款

　　为了让爱心服务有序地开展，落到实处，"仲威平爱心工作站"制订了"三步走"重点工作建设计划。第一步，完善团队建设，建立健全领导负责制度。目前，工作站由十余名领导和老师组成，仲威平任站长。工作小组分工明确，在将工作站打造成学生学知识、学文化，不断提高思想觉悟主阵地的同时，要充分发动社会力量，扩大宣传。为用好贫困学生救助资金和各类捐款，工作室建立了一套完整、严格的财务管理制度和各项公开制度，制定了专门财务人员管理制度。在活动开展方面，工作室实行活动开展报批制、活动经费报批制、事后经费公开制，并时时接受社会监督。

　　第二步，加快全面建设。充分利用学校这个阵地，通过"三到位""三评比"的措施，加强对学生的文明礼仪教育。"三到位"是指学校充分利用晨会、班会进行宣传，教育学生在校要做爱学习、守纪律、遵守学校规章制度的好学生；在家要成为帮助父母做力所能及家务事的好孩子；上学放学注意安全，上课时认真思考，专心听讲，不做小动作，课间活动时不追逐、不打闹的常规宣传落实到位。"三评比"是指在活动中开展"文明校园板报评比""文明主题班会评比""文明学生评比"等三项有实效、有特色的少先队活动。自活动开展以来，已初见成效：校园果皮纸屑明显减少，环境变美，学生的不文明的言行举止也不见了。留守儿童是集体的一部分，整体氛围改观了，他们自然也在潜移默化地改变。

　　第三步，优化环境建设。说到这一点，仲威平深有感触："只有创造良好的育人环境，加强与留守儿童父母或监护人的交流和沟通，加强对贫困留守儿童的资助工作，才能不断提高留守儿童教育管理水平。"为此，爱心工作站建立了关爱经验交流制度，不定期召开研讨会和座谈会，进行经验交流，不断探索新方法、新措施。

"大环境要优化，细节的安全教育也是重中之重。"仲威平一直重视学生的安全教育，如今工作站成立了，她也加强了这方面的教育指导工作。针对学校所处地域、生活环境等实际情况，主要从防溺水教育、交通安全教育、防火教育、用电安全教育、饮食卫生教育、课间活动管理等方面，做了具体的强调和要求。尤其重点强调交通安全，要求学生要遵守路队纪律，要求各路队队长认真负责。另外，对于家离校较远、需乘车上学的留守儿童，工作站也进行跟踪服务，做了登记并提出严格的纪律要求。

单亲、贫困、残疾、留守……"仲威平爱心工作站"重点关注的是这一类需要帮助的孩子。"物质上的帮助是一部分，心理健康也需要重视。"为此，仲威平开办了心理咨询室，通过组织各种活动，对留守儿童、残障儿童和贫困儿童进行经常性一对一心理健康辅导、感情抚慰。

"有一年春天，我带着几个贫困、留守和单亲家庭的孩子到市里玩儿，想让他们高兴高兴。在公园玩了一小天后，我带着他们到新华书店去买书。当时我告诉孩子们，老师要送给他们每人一本书。其中一个十三岁的小女孩，叫张丽晶，她的爸爸病危，我看到她默默地拿起一本书，名字叫作《爸爸我爱你》……"

回忆起这段往事，仲威平语气有些沉重。"我希望看到每个孩子都能积极乐观地面对生活，即使脚踩半亩方塘，也要向上成长。"

"只要人人都献出一点爱，世界将变成美好的人间……"仲威平所给予孩子们的爱，像一条河流，缓慢流淌却不会停止，流过之处，万物欣欣向荣。

白山黑水间播种希望

这间不足二十平方米的狭长房间，就是仲威平的新办公室。办公桌上除了书籍、材料，还有一个专用文件夹，里面装着全部贫困孩子的名单。与之一一对应的，是一张张得到帮扶的财务清单，上面盖着工作站的公章，还有经手人的签字，十分严谨正规。

"最初都是手写的，现在我都用电脑打印出来。"仲威平指了指桌上新添的办公设备。"这大家伙可真是出力了，不仅汇总资料方便，还能通过它把孩子们的具体情况发到网上。"为了让更多的爱心人士能够加入工作站的帮扶中，仲威平在征得家长和孩子的同意后，将部分留守儿童的情况发布到了"铁力义工在线"微信平台。在这个平台上，人们经常能看到这样的信息：

> 马悦，女，二年级，居住工农乡兰河村。家中四口人，家里人多地少，父亲在天津打工，奶奶患重病，每年需支付高额医药费。前不久，奶奶住院花了一大笔钱，卖粮钱都给奶奶治病了，家庭生活贫困。
>
> 王本崎，男，二年级，居住工农乡二屯村。家中四口人，父母身体不好，不能干重活，仅有的几亩地收成也不好。两个孩子在上学，父母靠打零工挣钱维持生活，家庭贫困。因为外包地被冰雹打了，致使收成减产而赔钱，欠下外

债，只能用房子抵押还债。现在租房子住，母亲陪两个孩子上学，父亲在俄罗斯打工。

张博海，男，二年级，居住工农乡五一村。家中三口人，父母离异，孩子由爷爷、奶奶抚养。爷爷是精准扶贫帮扶对象，家里没有其他经济来源。奶奶多病，父亲在外打工，常年不回家，有时候能寄点钱回家，母亲基本不管孩子的生活，全靠爷爷奶奶抚养。

范雨萱，女，三年级，居住工农乡兰河村。家中五口人，自有耕地少，外包地受自然灾害，致使田地减产而赔钱，欠了外债，无奈父母去南方打工偿还外债。爷爷奶奶在家照顾孩子，但由于爷爷奶奶身体不好，也不能从事过重的体力劳动。孩子自幼多病，患有先天性唇腭裂等症，经常入院治疗，家庭生活贫困。

邱俊，男，五年级，居住工农乡二屯村。父母离异，爸爸在外地打零工，奶奶身体不好已丧失劳动能力，年迈的爷爷靠收废品维持生计。爷爷患有严重的胃出血，常年需要服用药物，家里负债累累。在这样困难的情况下，孩子在完成学业的基础上，还帮助爷爷收废品，是个有孝心的孩子。

……………

在仲威平的努力下，越来越多的机关部门和社会团体开始关注工农乡孩子们的学习、生活情况。2014年，蒙牛集团捐助10万元用于改善工农乡中心学校的办学条件。"这钱得用在刀刃上。"工农乡中心学校校长郑亚文思来想去，在征得老师和孩子们的意见后，决定将这10万块钱用于铺设操场和学校通道的水泥路。"这两个区域是孩子们经常跑跳和玩耍的地方，以前都是土地，坑坑洼洼的，老师们的心也总是悬着，生怕孩子磕了碰了。"工农乡政府在看到中心学校申请校内施工的审批后，立马联系沙场，免费为学校提供了270车沙子。一个多月时间，工农乡中心学校新增硬化面积1728平方米，共花费13万元。如今，看着孩子们在宽阔、平整的操场上跳皮筋、踢毽子，郑亚文的眉头也舒展了许多。"这多亏了仲老师，她是我们学校的骄傲，也是我们全校教职员工学习的榜样！"

2016年12月，一次偶然的机会，仲威平发现学校孩子们的书包大多很破旧。"马上就到新年了。"仲威平心里琢磨着，"要是孩子们能够有一个新书包，他们该多高兴呀！"想象着孩子们的笑脸，仲威平就有了动力，她立马联系"大庆壹基金爱心志愿者"团体，将孩子们的情况进行了如实说明。没想到，志愿者们非常重视，在短时间内就为全校所有学生筹集到了一份爱心大礼包，这里面不仅有新书包、新文具，还贴心地给孩子们准备了过冬的衣服、手套、帽子……"仲老师，我们太幸福了！"孩子们拿到爱心礼包，稚嫩的脸上露出了喜悦的笑容。"你们要记住，一定要好好学习，才能回报这些爱你们的叔叔、阿姨。"

截至2023年，"仲威平爱心工作站"先后收到人民币17万元。物资及设备2000多件，约合人民币11万元。滴水之恩，铭记于心。无论是捐钱、赠物，哪怕是捐一枚小小的别针，仲威平都会认真记录。打开她的专用档案，一个个爱心单位和个人的名字清晰地映入眼帘：铁力市人武部、铁力市关工委、伊春市青少年基金会、铁力市委宣传部、工农乡北斗村企业家陈经理、黑龙江省总工会、伊春市总工会、兰西县水稻大王、江苏省张家港宏宇培训中心、广东煤炭地质局、黑龙江省青基会优秀企业家、铁力市新华书店姜经理、金沐美业、黑龙江远东律师事务所、铁力市爱心志愿者团队[①]……其中，还有一些爱心人士自愿加入工作站，为工农乡所有在校及社会儿童提供爱心服务。

张立荣是仲威平的小学同学。自从2015年得知爱心工作站的事后，她就主动联系仲威平，"我也想和你一样，为孩子做点儿事。"热心肠的张立荣不仅自己加入，还号召亲朋好友共同奉献爱心。每个月，她都会从自己微薄的收入中拿出一部分钱捐给爱心工作站，有时100元，有时300元，有时400元……"她一直坚持每个月捐款，而且经常给孩子们做新衣服。"说起张立荣，仲威平满怀感激，"我们一起长大，我非常了解她家的情况，她每天在缝纫机前不停地工作，不分白天黑夜，赚的都是辛苦钱。"最难能可贵的是，张立荣从不让仲威平留名宣传，只求心意用到孩子们身上就知足了。

"父母不在身边，老师就是妈妈；家在遥远的地方，老师就给你一个家。"在仲威平的感召下，越来越多的志愿者加入了爱心工作站，他们齐心协力为孩子们搭建第二个温暖的家。他们每个月义务为孩子们理发，每周针对特殊儿童进行自理教育，每天为贫困家庭的孩子们提供营养午餐……

2015年春节来临之际，仲威平在保证工作站收支平衡的情况下，购买了价值4000元的大米、面粉、食用油等生活物资和一系列课外读物，和志愿者们走进工农乡16名困难学生和留守儿童的家中，为他们送去节日问候和新年祝福。

细致入微的关怀，体贴周到的温暖，爱心工作站既是孩子们的

---

①排名不分先后，单位和个人名字按档案呈现顺序出现。

"港湾"，又是他们成长的"摇篮"。从工作站成立起，丰富多彩的活动让孩子们"走出乡村，认识世界"的梦想得以实现。

"仲威平爱心工作站"活动开展情况（2014—2015年）

活动时间	活动主题	活动内容
2014年3月4日	学雷锋系列活动	组织学生前往市文化馆参观雷锋事迹展、民俗文物展
2014年4月11日	针对留守儿童开展主题座谈活动	倾听留守儿童的心声，了解他们的需求，并组织学生观看以关爱留守儿童为主题的电影《爱的钟声》
2014年6月1日	举办庆"六一"亲子趣味运动会	给予每个孩子展示机会，对孩子们适时指导、适时鼓励，针对留守儿童父母不能参加的情况，工农乡政府的志愿者们充当留守学生的临时家长，陪孩子参加活动，带他们体验一次又一次的成功，让他们逐步建立自信
2014年8月	暑假社会实践	在工作站全体成员和班主任的带领下，参观马永顺纪念馆，聆听工作人员的详细讲解，了解马永顺爷爷为国家所做的贡献 依次参观日月峡森林公园和恒辉木业木材的加工车间，了解树木种类以及这些树木是怎样被加工成日常使用的各种桌椅及家具的

续　表

活动时间	活动主题	活动内容
2015年3月4日	铁力市武警中队"送温暖"活动	指导员和战士为特殊群体学生们送来书籍和学习用品，并做了精彩且生动的军旅生活演讲，鼓励孩子们刻苦学习，珍惜幸福时光
2015年3月5日	"学雷锋、献爱心"社会实践活动	学校领导及工作站成员，带领三至六年级少先队员，到头屯村贫困学生张丽静家和二屯村空巢老人家中，帮助老人打扫卫生，清扫室外积雪，并送去大米，帮助他们解决生活中的实际困难

　　红色文化是中国共产党在领导人民进行人民解放、民族独立及国家富强的斗争中所积淀的一种特殊文化类型，它具有丰富的历史文化内涵，中国共产党艰苦奋斗的作风、乐观积极的态度、为了国家牺牲小我的精神等内容在当代社会都具有重要的思想引领作用。尤其对世界观、人生观、价值观都处于形成阶段的小学生而言，红色文化教育更是不可或缺的。依托学校教育阵地，仲威平长期以来积极推进"两史""三爱"教育。把学党史、知国史、爱学习、爱劳动、爱祖国融入思想品德课和各科教学之中，并通过让学生们参观马永顺纪念馆、抗联烈士墙，参加校园读书活动、班团队会、座谈会、征文演讲、文艺演出，观看抗战影片，慰问老军人，听取老校长和老教师做报告等，引导和培育学生们树立社会主义核心价

值观。

每年的重阳节，仲威平都会带着孩子们来到铁力市福星养老服务中心，开展以"尊老、敬老、爱老、助老"为主题的实践活动。孩子们会为爷爷、奶奶表演节目，给他们剪指甲、捶背，和他们唠嗑……此刻的孩子们由原来的受捐助者变成了可爱的小小志愿者。

"落红不是无情物，化作春泥更护花。"仲威平曾说，以前在兰河小学的时候，她是帮助一个、两个孩子。自从转到工农乡中心学校，她一共帮扶了五十二名学生。但这离她的"目标"还有很远，她希望爱心工作站能够帮助更多工农乡、铁力市乃至黑龙江省的留守、贫困、单亲、残障的孩子，让爱流动在白山黑水之间。

今年端午节的时候，仲威平老师和几个叔叔、阿姨到我家送粽子和鸡蛋了，我真是太高兴了！而且，我们中午在学校吃饭都不用花钱，听妈妈说是民政局给我们掏的钱，很多人都在帮助我们。我一定好好学习、快快长大，将来给妈妈更好的生活，帮助更多需要帮助的人。

——张晓军

仲妈妈就是我们的妈妈！我就像一直没有离开仲妈妈一样，她经常问我的学习咋样？只要我发现问题，她马上就会帮我解决！

——颜凡宇

仲老师每天骑自行车风里来雨里去，为了我们兰河村的孩子有学上、有书读，她吃了很多苦。她对学生有爱心，有耐心，到了中心学校后，还经常捐给孩子们衣物和学习用品。这些，我们老百姓都看在眼里。

——兰河村村民颜宪忠

仲老师每次出门都挂念她的孩子们，这次回来，急忙去看望她最惦记的两个贫困学生，给她们送去了她在北京买的衣服和书包等。

——同事王立柱

…………

等枝丫，成繁花。仲威平老师的故事该以什么结尾呢？或许没有结尾，因为太阳不会只照亮一株向日葵，满园春色，各吐芬芳，愿更多像仲威平一样的育花匠将桃李的种子撒向远方。

⊙ 2016年9月9日，仲威平（右起穿黑衣服）带领爱心工作站的孩子们走进福星养老服务中心献爱心的合影

⊙ 2020年9月9日，仲威平（右）带领孩子们去五保户刘爷爷家送温暖

⊙ 2021年，仲威平在工农乡中心学校的留影